위기 경영 이야기

위기 경영 이야기

CRISIS MANAGEMENT

이건창 지음

사람의무늬

한 기업이 창업해 나름대로 잘 운영되다가 어떤 이유로 문을 닫을 때까지, 그 기간을 업력(業歷)이라 한다. 말하자면 업력은 기업의 일생이다. 사람은 태어나 세상에 적응하기 위해 교육을 받고, 사회에 진출해 열심히 사회생활을 하면서 결혼도 하고 나이가 든다. 그러다 자식을 키워 출가시키고, 그 뒤 중년·은퇴·노년·황혼기를 맞이하면서 천천히 마감의 길을 걷다가 결국 세상을 떠난다. 기업이나 사람의 일생은 형태만 다를 뿐, 비슷한 점이 많다.

국가도 마찬가지다. 모든 국가는 제 나름의 건국 신화를 가지고 있다. 듣고 있자면 황당무계한 이야기가 대부분이지만, 건국 신화 자체가 있음으로써 국가와 민족이라는 의식이 생긴다는 것이 중요하다. 국가는 건국 이후 수많은 위기를 겪는다. 물론 전성기를 누리기도 하지만, 어느덧 호시절이 지나 경제가 쇠락하면, 사회도 역동성을 잃는다. 시름시름 앓다가 전쟁이나 또 다른 이유로 멸망하는 게 다음 수순이다. 그리고 새로운 나라가 등장한다.

기업, 개인, 그리고 국가 모두 크고 작은 위기를 겪으면서 생존한다. '위기'란 어떤 의사 결정으로 인해, 그 이전과 이후가 확연하게 달라지는 절체절명의 순간을 의미한다. 위기의 순간을 통과하면서 개인과 기업과 국가는 전과 다른 상황에 처하게 된다.

예컨대 개인에게 널리 알려진(그러나 사람들이 잘 인지하지 못하는) 위기는 결혼이다. 누군가와 결혼하기로 마음먹을 때가 위기라는 것이다. 그 결혼으로 이후의 삶이 완전히 바뀌기 때문이다. 다만 하객이 가득 들어찬 예식장에서 축복 속에 둘러싸인 신랑 신부를 보며, 그 사실을 인지하지 못할 뿐이다. 첫 직장 역시 또 다른 위기의 순간에 속한다. 첫 직장이 이후의 경력을 좌우하기 때문이다.

기업이나 국가도 종종 위기의 순간을 겪는다. 개인이 겪는 위기와 차원이 다를 뿐, 형태상 유사한 점이 많다. 한 기업의 흥망성쇠를 자세히 들여다보면, 경영자가 위기의 순간에 어떤 결정을 내렸는가에 따라 결과가 판이해진다는 사실을 알 수 있다. 기업이 위기에 처한 순간, 경영자의 위기 리더십과 위기 경영 능력은 진면목을 드러낸다. 때문에 경영자는 평소에 위기에 강한 경영 능력을 키워둘 필요가 있다. 위기 극복을 위해 신속하고 탁월한 의사 결정을 내리기 위함이다. 국가 역시 지도자의 위기 경영 능력에 따라 위기 극복 여부가 좌우된다.

대개 전쟁은 한 국가의 멸망 요인으로서 큰 파괴력을 행사한다. 한 국가의 운명이 전쟁의 승패로 좌우되면서 인간의 역사가 이어져왔음을 우리는 익히 알고 있다. 현대적 의미에서 국제 질서의 기초는 제1차 세계대전의 결과로 만들어졌다. 제1차 세계대전 이전의 황제 제도, 술탄 제도, 그리고 이른바 제국주의적 질서가 이 전쟁을 치르면서 사라지거나 겨우 이름만 남았다. 그리고 오늘날 우리가 보는 세계의 국경선이 이때 그려졌다.

제2차 세계대전을 치르면서는 제1차 세계대전에서 비롯된 국제 질서가 재확인됐고, 현재까지도 그 질서 체계와 국경선이 유지되고 있다. 제2차 세계대전 이후 형성됐던 미국과 소련간의 양강 체제도 소련의 붕괴로 구소련 영토 내 국가들이 독립하면서 제1차 세계대전 직후의 국경선으로 회복되었다. 결론적으로 오늘날 우리에게 익숙한 세계의 질서와 국경선의 윤곽은 제1차 세계대전 이후에 결정된 것이나 다름없다. 그래서 제1차 세계대전을 일컬어 '모든 전쟁을 끝내기 위한 전쟁'이라고 하지 않는가?

한 국가가 전쟁을 통해 쇠망해가는 과정을 들여다보면, 위기의 순간에 리더의 잘못된 의사 결정들이 결국 비극적 결말로 이어지는 것을 종종 볼 수 있다. 특히 찬란한 문화를 자랑했던 나라들의 그와 같은 패착은 더욱더 아쉽다. 이를 반면교사 삼아보자. 위기에 처했던 국가의 리더들을 한 기업의 리더로 바꿔 인식해보면, 그가 위기 상황 하에서 어떤 위기 경영 전략을 세워야 하는지 알아볼 수 있다. 이것이 이 책을 쓰게 된 모티브이다. 그리고 선택된 나라가 비잔틴 제국이다.

비잔틴 제국은 과거 동로마 제국을 통칭하는 말이다. 오늘날 터키가 차지하고 있는 지역이 제국의 옛 영토이며, 지금 이스탄불로 불리는 도시가 바로 제국의 수도였던 콘스탄티노플이다. 콘스탄티노플이 오스만투르크의 젊고 야심찬 지도자 메메드 2세에 의해 함락된 날이 1453년 5월 29일이었다. 당시 전쟁의 관행대로 메메드 2세는 부하들에게 점령지를 마음껏 약탈하도록 허락했다. 약탈 기간은 3일이 주어졌다. 이 기간 동안 콘스탄티노플에서는 독자들이 생각할 수 있는 모든 끔찍한 일들이 다 일어났다고 보면 된다.

그 약탈이 끝난 뒤 메메드 2세는 콘스탄티노플을 상징하는 하기아 소피아 성당에서 알라신에게 예배를 드리는 것으로 오랜 숙원이던 콘스탄티노플의 점령을 화려하게 마감했다. 하기아 소피아 성당은 비잔틴 제국의 심장이자 동방 정교회의 성지였다. 메메드 2세는 하기아 소피아 성당의 아름다움과 웅장함에 반해 원래의 형태를 유지하도록 했으며, 이슬람 사원의 특징만 가미하고 이슬람 사원으로 개조했다.

메메드 2세의 콘스탄티노플 입성

장 조셉 벤자민 콩스탕(Jean Joseph Benjamin Constant) 作, 원제는 "L'Entrée du sultan
Mehmet II à Constantinople le vingt-neuf mai 1453"(1876), 프랑스 어거스틴 박물관 소장.

◆◆◆

최근 우리나라는 국내외적으로 매우 엄혹한 상황에 처해 있다. 답답할 따름이다. 우리 기업들도 어려움을 호소하고 있다. 하지만 경기가 불황이건 호황이건, 국내 정치 상황과 국제 정세가 위기이건 아니건, 기업은 늘 위기에 대비해야 한다. 위기에 강한 경영을 늘 실천하고 있어야 한다. 그래야 살아남을 수 있다.

비잔틴 제국을 기업에 빗대본다면, 제국은 한때 잘 나가던 기업이었다. 하지만 제국의 리더들은 위기 상황에 제대로 대응하지 못했다. 위기에 대한 인식조차 수준 이하였다. 그리고 그나마 제국이 가지고 있던 한정된 자원도 위기 경영을 위해 적절히 활용되지 못했다. 알토란같은 자금과 시간을 테오도시우스 삼중 성벽으로 알려진 콘스탄티노플 성곽을 보수하는 데만 사용했다. 닥쳐올 위기에 대한 대비는 너무나 소홀했다.

우려하던 위기는 야심찬 술탄 메메드 2세에 의해 현실화됐다. 1453년 4월, 10만 대군을 이끌고 콘스탄티노플을 점령하기 위해 술탄이 직접 나선 것이다. 우르반 대포라는 당대 첨단 무기까지 동원해 콘스탄티노플의 육상과 해상을 꽁꽁 에워쌌다.

2개월간 치열한 전투가 있었고, 비잔틴 제국과 오스만투르크는 죽을힘을 다해 싸웠다. 각자 믿는 신을 위해 싸웠고, 또한 자기가 따르는 주군을 위해 최선을 다했다. 누군가는 운 좋게 살아남았고, 누

하기아 소피아 성당

1900~1910년 경, 성당의 내부.

군가는 고통 속에 죽어갔다. 누군가는 비겁하게 전장을 빠져나갔고, 또한 누군가는 스러져가는 제국을 한탄하며 무기를 버리고 적군 진영 한복판에 몸을 던져 자결했다. 이렇게 1453년 5월 29일, 비잔틴의 수도인 콘스탄티노플은 함락됐고, 제국은 역사에서 사라졌다.

비잔틴 제국의 멸망사를 따라가다 보면, 현대 기업에 도움이 될 만한 위기 경영의 엣센스가 곳곳에 숨어 있음을 알게 된다. 하지만 안타깝게도 같은 실수가 오늘날 기업에서 여전히 반복되고 있다는 사실도 알 수 있다. 그래서 역사는 무섭고, 그래서 우리는 역사에서 무언가를 배우고, 또 배워야 한다. 경영이라고 예외가 아니다. 이 책은 비잔틴 제국의 멸망 과정을 위기 경영의 시각으로 따라간다. 그리고 위기 경영의 요체를 생각해보고자 한다. 모든 것이 힘들어져만 가는 요즈음, 우리 기업들이 위기에 강한 기업으로 거듭나는 데이 책이 조금이나마 도움이 되기를 바라는 마음 간절하다.

2017년 한여름에
명륜동 와룡산 자락 경영관 서재에서
필자

제5장 위기는 예측되고 통제돼야 한다

제6장 준비된 리더와 위기 대응

제7장 총체적인 위기관리

1장

위기에 강한 경영

위기는 영어로 크라이시스(crisis)라고 하며, 그 어원은 의학에서 왔다. 위기는 병환이 고비에 이르렀음을 의미한다. 그래서 우리는 위기의 순간을 종종 목숨이 위태로운 경우라 생각한다. 무엇보다 의사 결정의 측면에서 위기를 해석하면, 위기의 본질이 드러난다. 서문에 밝혔듯이, 위기란 결정적인 의사 결정을 해야 하는 순간을 의미하며, 그에 따라 위기 이전과 이후가 확연히 달라진다.

기업 경영에 위기는 상존한다. 따라서 위기에 강한 경영이란 위기가 들이닥치기 전부터 시작돼야 한다. 물론 위기 상황만을 염두에 두고 경영을 하자는 소리가 아니다. 기업이 정상적인 궤도에서 경영되면서도 자연스럽게 위기가 예방돼야 한다. 바로 이것이 위기를 극복하는, 위기에 강한 경영이다. 이를 위해 먼저 경영의 원리부터 들여다보자. 위기에 강한 경영은 결국 기초가 튼튼한 경영이기 때문이다.

기업 경영의 원리

—

기업 경영의 원리를 바라보는 시각은 다양하다. 이론적 시각으로 경영의 원리를 파악하기 위해서는 '계획(Plan)—실행(Do)—평가(See)'라는 순환 과정을 이해하는 것이 중요하다.

먼저 계획은 현실과 괴리될 수도 있다는 전제 위에 세워진다. 경영자가 계획을 수립할 때, 계획은 하나의 참조점으로 이해해야지 그것이 현실을 구속하게 해서는 안 된다. 계획을 위한 계획은 변화무쌍한 시장의 변화를 무시하고, 오직 계획에 매달리는 우를 범하게 할 수 있다. 물론 실행은 계획대로 이행하는 것이다. 시장 상황이 계획과 비교해 큰 차이가 없다면, 계획대로 추진하는 것이 타당하다. 하지만 시장 상황이 크게 변화했다면, 실행 시 계획이란 하나의 참조점일 뿐이다. 이러한 차원에서 경영자에겐 유연성이 요구된다.

평가는 성과가 긍정적인지 부정적인지를 따지는 과정이다. 긍정적 성과는 그 이유를 강화해 기업 내에서 체화되도록 하고, 부정적 성과는 원인을 파악한 뒤 제거를 시도한다. 그리고 평가 결과는 계획과 실행에 피드백한다.[2] 이 피드백이 충실해지면, 경영 성과는 지속적으로 창출된다.

위기가 닥쳤을 때, 기업은 지금까지의 계획—실행—평가 과정을 전면 재검토한다. 먼저 이 프로세스 안에서 무엇이 문제인지 파악하려 애쓰고, 다시 계획을 세워 실행 과정을 조정하며, 평가의 잣대도 위기 상황에 맞게 재조정한다. 물론 그럼에도 불구하고 위기를 효과적으로 극복하는 데 어려움을 겪을 수 있다. 따라서 무엇보다 위기의 본질을 신속하게 파악할 필요가 있다. 그래야만 대처 전략의 수립과 실행이 현실성을 얻는다. 이것이 바로 경영을 이해하는 두 번째 시각이 필요한 이유다.

두 번째 시각은 비즈니스 모델로 경영 원리를 바라보는 것이다. 비즈니스 모델(Business Model)이란 기업이 비즈니스를 하는 일련의 경영 로직을 담은 템플릿을 의미한다.[3] 템플릿에는 경영을 위해 필요한 구성 요소들이 서로 연결돼 있다.

템플릿의 장점은 여기에 제시된 구성 요소들을 확인하면서 경영을 할 수 있다는 점이다. 그러나 템플릿 안에 포함돼 있는 구성 요소들이 시장 상황과 맞지 않을 때, 좋은 결과는 보장되지 않는다. 위기 시는 더욱 그렇다. 위기가 닥치게 되면 평소 잘 작동되던 템플릿도 의도했던 성과를 가져오지 못한다. 구성 요소들 간 관계는 삐걱거리고 각 요소들이 제대로 작동을 못하기 때문이다. 따라서 위기 시 비즈니스 모델을 단순히 템플릿으로만 파악하는 것도 경영 원리 이해에 충분치 않다.

그런데 비즈니스 모델을 가치 중심으로 놓고 보면 얘기가 달라진다. 가치란 기업이 시장에 제시하는, 차별화된 유무형의 어떤 것이다. 여기서 핵심은 차별화다. 시장에 존재하는 목표 고객이란 기업으로부터 차별화된 제품과 서비스를 구매하는 고객이다. 차별화되지 않는 제품과 서비스에 이들은 관심이 없다. 예컨대 한 기업의 제품이 다른 기업과 가격, 품질, 디자인, 배송 등 다양한 측면에서 차별화될수록 고객에게 더 높은 가치를 제공할 수 있다. 높은 가치를 제공하는 기업에 고객은 충성도로 보답한다. 높은 충성도는 기업에 안정적인 현금 흐름을 가져오고, 지속적인 경쟁 우위도 보장해준다.

활용과 탐색 그리고 차별화

하지만 이러한 차별화가 시장에서 오래 지속되지 않을 때, 기업의 경쟁 우위는 다시 흔들린다. 이는 기업의 생존과 직결되는 문제로, 잠시 동안 유지되는 우위는 시장에서 경쟁력이 없는 것과 마찬가지다.

차별화를 지속적으로 견지하기 위해, 기업은 끊임없이 '활용'하고 '탐색'해야 한다. 활용(이하 ET, exploitation: 익스플로이테이션)이란 기존에 가지고 있는 자원과 지식으로 차별화를 시도하는 경영 행위를 말한다. 반면 탐색(이하 ER, exploration: 익스플로레이션)은 기업이 현재 가지고 있지 않은 지식과 방법을 찾는 경영 행위이다.

ET는 이미 기업에 존재하는 지식을 활용하는 것이므로, 비용이 적게 든다. 효과도 예측 가능하다. '개선'이 주로 여기에 해당된다. 반면 ER은 현재 기업이 가지고 있지 않는 지식과 방법을 새로 만들어야 한다. 그러니 제대로 된 결과를 추정하기 어렵다. 전에 없던 새로운 시도이기에 원하는 결과가 나온다는 보장도 없다. 언제 원하는 결과가 나오는지도 불확실하다.[4]

ER을 제대로 하려면, 기업은 많은 자금과 인력을 동원해야 한다. 언제 그럴듯한 ER의 결과가 나올지, 과연 ER의 결과가 나오기나 할런지도 모른 채 자금과 인력을 쏟아 부어야 할 수도 있다. 이윤을 추구하는 기업이 ER에 소극적일 수밖에 없는 까닭이다. 그래서 기업은 ER에 앞서 종종 투자 대비 수익(이하 ROI, Return on Investment)을 따져보려는 충동에 휩싸이곤 한다. 하지만 정작 ROI를 ER에 적용해보면, 백이면 백 형편없는 결과가 나온다. 나오는 결과는 거의 없는데 들어가는 투자가 엄청나기 때문이다. 그러니 애당초 ER에 대해 ROI를 따지는 유혹을 뿌리쳐야 한다. 그리고 ER은 과감해야 한다. 물론 그럴만한 예산과 인력이 확보돼 있을 때의 얘기다.

흔히 일컫는 '혁신(Innovation: 이노베이션)'이라는 말은 ET보다는 ER에 가까운 말이다. 연구 개발을 뜻하는 단어인 알앤디(R&D, Research and Development)는 ET와 ER을 포괄한다. ET는 상대적으로 비용도 덜 들고, 효과도 쉽게 예상된다. 문제는 제한적인 ET만으로는 시장에서 지속적인 경쟁력 유지가 어렵다는 데 있다. 그렇다고 비용 부담이 크고, 결과가 불확실한 ER에만 매달리기도 쉽지 않다.

그러나 ER은 한번 성공하기만 하면, 기업 입장에서는 차별화의 원천 기술을 확보한 것과 마찬가지다. 지속적인 경쟁력 확보에 ER은 없어서는 안 될 경영 활동인 것이다. 성공 확률이 극히 낮음에도 불구하고, 기업이 ER에 적극적이어야 하는 이유다. 여기에 덧붙여 ER의 활성화를 위해, ET를 통한 ER 예산 확보도 중요하다.

기업은 ET나 ER 가운데 하나에만 매달려선 안 된다. 양자 간의 적절한 균형이 필수다. ET를 잘하는 조직을 오른손잡이 조직이라 하고, ER을 잘하는 조직을 왼손잡이 조직이라고 부른다. 기존의 것들을 활용하는 ET는 통념상 오른손잡이처럼 익숙하단 의미이고, ER은 그 반대이기 때문이다. 오른손잡이가 왼손을 쓰려면 어려움을 느끼듯이, ER은 ET보다 어렵다. 하지만 경쟁력을 갖춘 기업은 어느 한 손에만 의지하지 않는 양손잡이 조직(ambidextrous enterprise)[5]을 지향한다. 경쟁력 있는 기업들은 양손잡이 조직을 통하여, 차별화된 가치를 고객에게 제공하기 위해 지금도 분투 중이다.

로마의 차별화 전략

—

역사도 그렇다. 로마가 이탈리아 반도의 조그만 도시국가에서 시작해 그리스를 포함한 지중해와 유럽 일대, 그리고 북아프리카 지역과 영국까지 제패하는 제국으로 성장한 것은 차별화된 군사력과 정치력 때문이었다. 특히 로마의 군사력은 당대에 경쟁자가 없을 정도였다.

무기가 남달라서가 아니었다. 로마의 군사적 차별화는 로마 군단의 엄청난 훈련량, 진지 구축과 전투 대형 전개 등에 관한 상세한 매뉴얼화, 그리고 로마 장교(특히 80~100명의 부하를 통솔했던 백인대장 센추리온)가 지닌 국가에 대한 충성심과 용맹한 리더십에서 기인한다. 여기에 적군의 장점도 주저없이 로마군에 적용할 줄 아는 유연성도 더해졌다. 그러니 로마가 주요 전투에서 승리를 거둔 것은 당연했다.

로마 군대가 주둔했던 곳은 훗날 자연스럽게 유럽의 주요 도시로 발전했다. 로마 군대가 진지를 구축할 때, 도로와 상하수도 시설, 목욕탕, 상가, 주거지 등 도시의 기본 인프라를 매뉴얼대로 치밀하게 설계하고 적용했기 때문이었다. 예컨대 영국의 런던, 독일의 본과 쾰른, 프랑스의 스트라스부르와 리옹 등 유럽의 많은 도시가 여기에 속한다. 기본이 잘된 설계는 오래가는 법이다. 그리고 여러모로 기본이 잘된 로마 군대가 이 설계의 주체였다. 로마 군대

로마 군단

마르쿠스 아우렐리우스 원주에 새겨진 로마 군단의 부조, 2세기.

의 차별화는 체계적으로 다져진 기본에 있었다.

로마가 지중해 일대를 제패해나가고 있을 때, 경쟁 국가들의 군대는 로마군에 비해 상대적으로 체계적인 기본 설계가 약했다. 그들은 즉흥적인 감정에 휩싸여 전투에 임했다. 비체계적인 군대는 기본이 약하기 마련이다. 기본이 약하면 전투 중 안정적이고 탄탄한 대형을 지속적으로 유지할 수 없다. 기본 대형이 무너진 군대는 전투력도 무너진다. 개인의 완력으로만 싸우다보니 그들은 전략과 전술에서 로마군에게 모두 뒤졌다. 로마군은 전투 중 아무리 위급해도 대형을 유지하며 부대 단위로 적군을 상대했고, 효과적으로 적을 제압할 수 있었다. 이처럼 기본에 충실한 로마군의 차별화 전략은 로마의 강력한 경쟁력이었다.

로마의 또 다른 차별화 포인트는 정치 체제의 안정성과 공고함이다. 로마는 일찍이 공화정 체제를 갖추고, 부단한 토론과 법령 제정 과정을 통해 각 집단과 계층의 다양한 이해관계들을 해결했다. 당시로서는 그 어떤 나라에도 없는 정치력이 로마에서 발휘된 것이다. 이러한 로마의 특징은 국가가 위기에 처할 때 불필요한 자원과 시간의 낭비 없이 총력을 기울여 위기를 극복하는 데 결정적 도움이 되었다. 설령 전투에서 큰 패배를 당했다하더라도 군사력을 재건하는 데 유용한 의사 결정 체제가 작동될 수 있었다. 때문에 정치와 군사력에서 확실한 차별화를 갖춘 로마가 거대 제국으로 성장해 세계사의 중추를 형성하게 된 것은 당연한 결과이다.

기업 경영을 이야기할 때 차별화 전략을 강조하는 이유가 여기에 있다. 차별화는 기업이 독창적인 가치를 고객에게 제공하는 원동력이 되거니와, 그를 보유한 기업만이 경쟁력을 유지하면서 시장에서 생존해나갈 수 있다. 위기에 강한 경영이란 한 마디로 차별화 전략을 발전시키고 유지하는 경영이다.

로마의 역사적 흥망성쇠를 기업 경영의 사례와 비교해보면, 유사성이 매우 높다.

로마의 전성기 시절은 경영 성과가 높은 기업의 상황과 유사하다. 경영 성과가 좋을 때 기업의 유동성은 풍부해지고, 구성원들에게 높은 임금과 풍족한 복지후생을 제공할 수 있다. 전성기 때의 로마가 그랬다. 차별화된 군사력과 정치력으로써 로마는 굵직한 전투에서 승리를 거둘 수 있었다. 승전 뒤에는 노예와 전리품이 따르기 마련이다. 정복지에서 쏟아져 들어오는 재화들로 세수(稅收)는 풍족해지고, 확대된 영토 안에서 로마는 풍요를 누렸다. 전공(戰功)을 세운 군인들에겐 넉넉히 땅을 나눠줄 수도 있었으며, 여기에 갖가지 금전적 보상까지 더해졌다.

하지만 방만한 경영은 모든 걸 앗아가기 마련이다. 로마가 풍족함에 안주해 차별화 전략을 향상시키지 못하는 사이, 로마가 자랑했던 군사력의 차별화된 전략이 이민족들에게도 전파되었다. 중무장한 보병 부대와 신무기들, 그리고 독특한 전투 대형과 전투 전략 등이 로마가 채용했던 용병들을 통해 주변 이민족들에게 고스

포로 로마노(포룸 로마눔)

기원전 6세기 무렵부터 293년에 걸쳐 로마의 정치와 경제의 중심지 역할을 했던 광장을 의미한다. 고대 로마의 융성했던 기운을 한껏 느낄 수 있는 중요한 장소다. 원로원 의사당과 신전 등 공공 기구와 함께 일상에 필요한 여러 편의 시설들을 갖추고 있었다. 동쪽으로 가면 콜로세움, 서쪽으로 가면 테베레 강, 남쪽으로 가면 팔라티노 언덕, 북쪽으로 가면 캄피돌리오 언덕에 이른다.

란히 전파된 것이다. 그들은 로마의 기본 군사 지식을 모방하기 시작했고, 로마가 더 이상 차별화된 군사력을 유지 못하는 위기의 순간이 서서히 다가왔다.

아드리아노플 전투

━

아드리아노플 전투가 벌어지던 서기 378년 당시, 로마는 자신이 처한 현실을 깨닫지 못했다.[6] 이민족에 대한 로마의 군사적 차별화 우위가 여전한 줄로 착각하고 있었다. 로마의 이런 순진한 믿음은 아드리아노플 전투가 벌어지자마자 한순간에 무너져 내렸다.

사건의 경위는 이랬다. 당시 아시아계 유목 민족들이 거주하고 있던 초원 지대 일원에서 정치적 지각 변동이 일어났다. 아시아 유목 민족들은 빠른 말을 타고 유럽으로 몰려들어왔다. 유럽인들은 이들을 훈족이라 불렀다. 그들은 로마 제국의 동쪽 지역으로 밀려들었다. 그곳은 아시아와 만나는 지역이기 때문이다.

그런데 그곳에는 이미 오래전부터 스칸디나비아의 고향땅을 떠나 살아가던 고트족이 있었다. 고트족은 덩치가 크고 이민족들 가운데 기마병을 꽤나 잘 유지하고 활용하던 민족이었다. 하지만 이들조차 더 빠르고 효과적인 기마 전술을 구사하며 몰려드는 아시아 유목 민족들을 당해낼 재간이 없었다. 이에 고트족은 로마 영

로마 군단과 이민족의 싸움

3세기 중엽, 다뉴브 강 하구에 침입한 게르만 인과 싸우는 로마군, 대리석 부조, 로마 델루나 국립박물관 소장.

토 안으로 들어가 그곳에 머물러 살게 해달라고 로마 지도자들에게 요청했다. 이때가 서기 378년경이었다.

아시아 유목 민족들이 자주 쳐들어온 곳은 오늘날 터키의 유럽 쪽 영토와 발칸반도를 포함하는 트라키아 지역이다. 이곳은 오늘날에도 다양한 인종들이 모여 사는 곳이라 늘 분쟁의 소지가 있는 곳이다. 인종이 다르면 종교도 다르듯, 지금도 이곳에선 이슬람교, 가톨릭, 개신교, 그리스정교를 믿는 사람들이 복잡하게 얽혀 살고 있다. 언제든 종교와 인종간 갈등이 생겨날 수 있는 곳이다. 현재도 루마니아, 불가리아, 헝가리, 알바니아, 세르비아 등을 포함하며, 세계의 화약고라 불리는 곳이다.

그러나 아시아 유목 민족들에게 쫓겨 로마 영토 안으로 들어가 살게 해달라던 고트족의 간청을, 로마는 무시한다. 이민족의 요구에 밀려 이들을 제국 내에 수용하기 시작하면, 훗날 나쁜 선례로 작용할 지도 모른다고 염려했기 때문이다. 이 지역에 대한 통제를 확실히 하기 위해 로마의 공동 황제로서 당시 제국의 동쪽 지역을 다스리던 발렌스는 4만 명의 군대를 이끌고 고트족이 주둔하고 있던 아드리아노플 지역으로 떠난다.

아드리아노플은 로마 제국의 동쪽 유럽 영역 가운데 콘스탄티노플 다음으로 전략적으로 중요한 도시였다. 그곳에 당도한 발렌스는 원래 계획대로라면 또 다른 공동 황제인 그라티아누스가 이끄는 지원군이 올 때까지 기다려야 했다. 그라티아누스는 발렌스의 친형의 아들(즉, 발렌스는 그 라티아누스의 작은 삼촌이다)로, 로마 제국의 서쪽 영역을 통치하고 있었다.

발렌스의 눈에 비친 고트족 군대는 오합지졸이었다. 질서 정연한 로마 군대와 차원이 달랐다. 뿐만 아니라 마차와 천막 등이 어지러이 엉

발렌스 황제가 새겨진 금화

켜 있는 고트족 진지는 로마군의 그것과 비교가 됐다. 발렌스는 한 번 해볼만하다고 생각했다. 전투에서 승리하면 전승의 모든 명예를 혼자서 독식할 수 있다고 판단한 것이다. 이에 발렌스는 곧바로 고트족 주둔지로 돌격한다. 서기 378년 8월 9일의 일이다.

갑자기 쳐들어온 로마 군대를 보고 놀란 고트족은 급한 대로 아녀자들을 마차로 둘러싼 임시 진지 안으로 피신시키고, 기마병과 보병 부대를 내세워 돌진해오는 로마군을 상대했다. 그런데 고트족의 기병대는 아시아 유목민들과의 싸움에서는 밀렸지만, 로마군 기병대보다는 우위에 있었다.

로마의 기마병들이 이렇다 할 힘 한번 제대로 못 쓰고 패퇴하자 로마 보병들도 기세가 꺾여버렸다. 보통 보병은 아군 기마병이 적군 기마병을 처리한 뒤, 자신들이 적군을 상대할 동안 측면에서

쟁반에 새겨진 고트족 병사의 모습

지원해줄 것을 예상하면서 싸운다. 하지만 아군 기마병이 밀리자 발렌스 휘하의 보병들은 순식간에 열세에 몰리고 만다. 더구나 식량 확보와 정찰 업무를 위해 멀리 나가 있던 고트족 잔여 병력이 소식을 듣고 돌아와 본진에 합류하자 전세는 완전히 고트족 쪽으로 기울어져버렸다.

전투는 리듬을 탄다. 한번 기세가 오른 군대는 그 기세를 타고 불리한 여건도 승리를 위한 극복 대상으로 여기고 더 힘을 내서 싸운다. 하지만 아무리 전력과 화력이 우세한 군대라도 그 기세가 꺾이면 소용이 없다. 사기가 저하되고 전투의 리듬이 사라지기 때문이다. 이때 지휘관의 역할이 중요하다. 모름지기 지휘관은 전투중 어떤 이유로든 아군의 기세가 꺾이면 이를 다시 살려놓을 책임이 있다. 그리고 그 기세를 승리로 연결시키는 데 핵심적인 역할을 하는 사람이다. 그래서 지휘관 한 사람이 전투 결과에 미치는 영향력은 절대적이다. 불행히도 발렌스는 뛰어난 지휘관이 아니었다.

발렌스가 지휘하던 로마군 4만 명은 거의 학살에 가까운 수준의 패배를 당하고 말았다. 발렌스 자신도 이 전투에서 전사했다. 지휘관이 현장에서 전사했다는 것은 군대의 진영이 완전히 붕괴됐음을 의미한다. 이렇게 아드리아노플 전투에서 로마군은 궤멸당했다.

칸나에 전투와 무엇이 다른가

아드리아노플에서의 참패는 기원전 216년 8월 2일 이탈리아 영토 내에서 벌어진 칸나에 전투에서 8만 명의 로마군이 한니발이 이끄는 카르타고군에 의해 궤멸당한 이래 최악의 패배였다. 칸나에 전투 이후 로마는 재기에 성공하지만, 아드리아노플 전투의 패배 후 로마는 멸망으로 치닫고 만다.

칸나에 전투 이후 14년이 흐른 뒤인 기원전 202년 10월 19일, 스키피오 장군이 이끄는 로마군은 카르타고 인근 자마에서 한니발을 무찌른다.[7] 놀라운 것은 자마 전투에서 로마군을 지휘한 스키피오는 칸나에 전투의 살육 현장에서 구사일생으로 살아남은 몇 안 되는 자 가운데 한 명이었다는 점이다. 칸나에 전투 당시 그의 나이 겨우 19살이었다. 어리지만 전도양양한 로마 귀족의 자제 신분이었던 그는 칸나에 전투에서 로마가 이길 것으로 확신했었다. 그러나 한니발이 펼치는 이중 포위 작전에 걸려 로마군 8만 명이 반

칸나에 전투

존 트럼불(John Trumbull) 作,「집정관 파울루스의 최후(원제는 "The Death of Paulus Aemilius at the Battle of Cannae")」(1773), 예일대학교 미술관 소장. 이 작품의 주인공인 루키우스 아이밀리우스 파울루스는 로마 공화정 시절의 정치가이자 장군이다. 기원전 219년과 기원전 216년 두 차례 집정관에 올랐다. 두 번째 집정관 재임 당시 칸나에 전투에 참전해 한니발이 이끄는 카르타고 군에 대패하면서 전사했다. 그는 훗날 자마 전투에서 한니발에게 복수한 장군 스키피오 아프리카누스의 장인이기도 했다.

EX ARCHETYPO RAPHAELIS VRBINATIS
QVOD EST APVD THOMAM CAVALERIVM PATRICIVM ROMANVM
EXCVDEBAT ROMAE ANTONIVS LAFRERIVS SEQVANI

자마 전투의 상상도

코르넬리스 코르트(Cornelis Cort) 作, 원제는
"Battle of Zama, 202 B.C." (1567)

나절 만에 궤멸되는 것을 보고 큰 충격을 받았다. 그 전투에서 살아남은 로마군은 불과 150여 명뿐이었다.

정규군 8만 명이 무참히 궤멸된 이 전투에서 살아남은 패잔병들에게 로마는 책임을 묻지 않았다. 전투란 이길 수도, 질 수도 있는 것으로 여겼기 때문이다. 살아남았다면 왜 졌는지 반성하고 다음 전투에 임하면 된다는 생각이었다. 이처럼 유연하고 관대한 시스템이 훗날 로마에 큰 기여를 하게 될 인재 하나를 보호한 것이었다. 아마 다른 나라였더라면 불명예스럽게 살아남아 도망쳐온 이들을 모두 처형했을 것이다.

스키피오는 비록 적군이지만 뛰어난 전략가인 한니발에게 경의를 표했다. 그리고 수년에 걸쳐 그의 작전을 면밀히 검토하고, 단단히 준비했다. 그러고 나서 한니발을 이탈리아 반도에서 끌어내기 위해 그의 조국인 카르타고를 공격했다. 예상대로 카르타고의 위정자들은 한니발에게 구조를 요청했고, 한니발은 마지못해 이탈리아 반도에서 나와 스키피오가 이미 진을 치고 기다리고 있던 자마에서 로마군과 맞붙었다.[8]

이번에는 달랐다. 스키피오는 더 이상 14년 전 칸나에에서 한니발이 가지고 놀던 애송이가 아니었다. 이미 그는 한니발에 대해 충분히 연구한 베테랑 군인으로 거듭나 있었다. 그 결과 한니발을 물리치고, 로마를 위기에서 구해낸 구국의 영웅이 된다. 로마는 북아프리카 지역에서 벌어진 이 전투의 승리를 기념해 스키피오에게 아프리카누스(Africanus)라는 영예로운 칭호를 붙여줬다.

최종적으로 로마는 칸나에 전투의 패배를 자마 전투의 승리로 멋지게 역전시키고 카르타고와의 지중해 지역 패권 다툼에서도 승리했다. 그 결과 지중해 일대를 제패한 제국으로 우뚝 서게 됐다. 곧바로 국운 상승기가 이어졌다. 이러한 로마의 성공 배경에는 무릇 여러 가지 원인이 있겠지만, 로마군의 강건함과 철저한 기본 훈련, 그리고 유연한 정치 체제의 우월성이 한몫하고 있었음을 놓쳐서는 안 될 것이다.

하지만 칸나에 전투 이후 약 6백 년 가까운 시간이 흐른 뒤, 지금의 터키 에드리네 인근 벌판에서 벌어진 아드리아노플 전투에서는 사정이 달랐다. 로마가 이 전투에서 패배하고 회복을 못하자, 고트족을 비롯한 이민족이 로마 영토 안으로 밀려들어왔다. 로마 군대 역시 이민족 용병들로 채워져갔고, 로마군은 더 이상 이민족의 침입을 막을 힘이 없었다.

이 전투가 끝난 지 약 100년 뒤인 476년, 서로마 제국은 게르만족 출신의 용병 대장인 오도아케르에 의해 멸망했다. 비장한 전투가 있었던 것도 아니었다. 서로마의 마지막 황제인 로물루스 아우구스투스는 힘 한번 제대로 써보지도 못하고 오도아케르에 의해 강제로 폐위되면서 제국은 쓸쓸하게 역사에서 사라져갔다. 사실 대규모의 인력과 물자가 동원된 전투를 치르고 나서 나라가 망하면, 사람들은 사라져간 나라를 애잔한 마음으로 그리워하는 법이다. 그만큼 충격이 크기 때문이다. 그러나 서로마제국이 멸망했을 때 당시 사람들은 제국이 어떻게 해서 사라졌는지조차 모른 채 불현듯 포스트 로마 시대를 맞이하게 되었다.

차별화를 잃은 기업

기업도 비슷하다. 시장에서 서서히 경쟁력을 잃어가던 기업은 소리 소문 없이 시장에서 사라진다. 하지만 어제까지도 그 위용을 드러내던 기업이 일순 경쟁력을 잃고 사라져버린다면, 그 충격은 오래간다. '코닥(Kodak)'이 그랬고, '노키아(Nokia)'가 그랬고, '블랙베리(BlackBerry)'도 그랬다. 그러고 보니 이들은 하나같이 쓰나미처럼 밀어닥친 디지털 혁명에 휩쓸려 사라져갔다는 공통점이 있다. 코닥은 디지털 카메라의 등장으로 사라졌고, 노키아와 블랙베리는 2차 스마트폰 혁명으로 창졸간에 시장 내 입지를 잃고 말았다.

경영에서 늘 얘기되는 것이 최고 경영자의 리더십이다. '리더십이 어떠할 때 기업 성과가 좋은가'는 모두의 관심사다. 최고의 성과를 보이는 경영자가 있다면, 그는 분명 뛰어난 리더십을 가진 사람일 것이다. 하지만 그것만으로는 부족하다. 무엇보다 해당 산업에 대한 식견과 이해가 뒷받침되어야 한다. 상황 판단도 제대로 하기 전에 공명심에 휩싸여 내린 결정은 종종 재앙으로 이어진다. 가

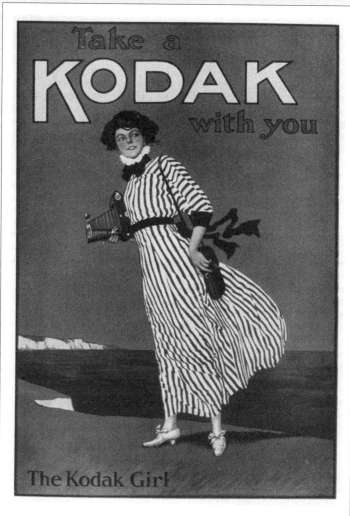

Kodak Girl. *Australasian Photographic Review*, 23 January 1911. A 770.5 AU7P v.18

코닥

1911년 코닥에서 사용한 광고 "미시즈 코닥(Mrs.Kodak)." 이 광고는 여성 및 중장년층의 카메라 보급에 결정적으로 기여했다.

지고 있는 소중한 자원을 적재적소에 활용해야 비로소 소기의 성과 달성이 가능하다. 그리고 이 모든 조건을 충족시켜야 하는 것이 바로 리더십이다.

아드리아노플 전투는 부실한 리더십이 얼마나 끔찍한 결과를 초래하는지 잘 보여준다.

첫째, 발렌스 황제는 고트족의 전투 능력을 얕봤다. 전투 지형에 대한 사전 조사도 등한시 했다. 충분한 정찰 활동도 없었다. 아무런 정보도 없이 군대를 동원해 상대를 이길 수 있다고 믿은 것이다. 안이한 리더십이었다. 당시 고트족은 프리티게른이라는 출중한 리더의 지휘를 받고 있었다. 그가 이끄는 기마병과 보병 부대는 비록 정규 훈련을 받은 군대는 아니었지만, 로마군에서 용병으로 활약한 베테랑들로 구성돼 있었다. 고트족 부대의 골간에 해당되는 이들은 이미 로마군의 전술과 전략에 대해서 소상하게 꿰뚫고 있는 사람들이었다.

더욱이 고트족 기마병에겐 로마군 기마병에게 없는 비장의 무기가 있었다. 바로 아시아 유목 민족과 싸울 때 사용하던 등자(鐙子)였다. 흔들리는 말 위에서 등자로 몸의 균형을 잡을 수 있다면, 기마병의 전투력은 배가된다. 등자를 사용하는 고트족 기마병들은 출중한 리더십을 가진 리더의 지휘 하에 로마군을 격파할 수 있었다.

둘째, 발렌스는 공동 황제인 조카 그라티아누스와 군사적 성과를 나누고 싶어 하지 않았다. 전공을 혼자 독차지하고 싶어 했다.

그러다보니 그라티아누스의 지원군을 기다리지 않고 독자적으로 고트족을 상대했다. 힘을 합해 싸우는 것은 혼자서 싸울 때보다 유리하기도 하고 불리하기도 하다. 그 판단은 리더의 몫이다. 그런데 공명심 때문에 협력을 거부하고 자기가 가진 능력을 과대평가하는 것은 치명적인 결과를 초래할 수 있음을 기억해야 한다.

셋째, 발렌스의 로마군이 열세에 몰리게 된 결정적 계기는 로마 기마병들이 전투 초기에 고트족 기마병들에 의해 격퇴됐기 때문이다. 그러자 로마군 측면이 그대로 노출됐다. 기마병의 측면 보호 없이 로마 보병들은 정면에서 달려드는 고트족 보병들과 측면과 후면에서 조여 오는 고트족 기마병들에 의해 꼼짝없이 포위되고 말았다. 칸나에 전투의 복사판이 재연된 셈이었다.

하지만 그 이후가 더 문제였다. 전투에서 패배한 로마는 더 이상 고트족의 존재를 무시할 수가 없게 되었다. 발렌스의 뒤를 이어 제위에 오른 테오도시우스 1세는 고트족이 제국의 영토에 자리를 잡고 거주하는 것에 동의하고, 그들을 로마 군대로 적극 편입할 수밖에 없었다.

전통적으로 로마군은 국가에 대한 충성심으로 최선을 다해 싸우는 긍지심 강한 로마 시민 집단이었다. 그러나 아드리아노플 전투 이후 로마군의 상당수가 이민족 장군과 병사들로 채워져갔다. 이민족의 힘에 눌린 궁여지책에서 비롯된 로마군의 퇴보였다. 이로 인해 사실상 로마 군대는 이민족으로 구성된 용병 집단이 된 것

로마 기마병

로마 기병들이 사냥하고 있는 모습을 담은 모자이크, 4세기 경, 시칠리아 빌라 로마나 델 카살레(Villa Romana del Casale).

이다. 로마군의 기강은 흔들렸고, 황제와 시민에 충성을 다해야 할 의무감이 빠르게 사라져버렸다.

차별화된 로마군의 전투력이 소실되자 강한 로마군으로 유지되던 제국의 경쟁 우위도 빠른 속도로 사그라졌다. 그리고 제국의 멸망은 초읽기에 들어갔다. 아드리아노플 전투에서 패한 뒤 한 세기도 채우지 못한 채, 서기 476년 서로마 제국의 마지막 황제인 로물루스 아우구스투스는 이민족 장군에 의해 폐위되고 만다. 오랫동안 명맥만 유지해오던 서로마 제국이 역사에서 사라진 것이다. 그리고 이제 콘스탄티노플을 수도로 하는 동로마 제국만 남게 되었다.

기업이 자기 색깔을 잃어버리면 시장에서 지속 가능한 우위를 유지할 수 없다. 자기 색깔이란 곧 차별화다. 가격에서 비롯되든, 기술과 디자인에서 비롯되든, 또는 품질에서 비롯되든 차별화는 기업이 경쟁력을 유지하는 원천이다. 차별화는 확보 자체도 어렵거니와 지속적인 유지는 더더욱 어렵다.

로마 제국이 오랫동안 제국으로서 명맥을 유지할 수 있었던 것은 강한 로마군이 있었기 때문이다. 체계적인 훈련으로 단련된 군사와 탁월한 지휘관의 리더십으로 통솔되는 로마 군대는 로마 제국이 자랑하는 차별화의 원천이었다. 이는 당대 인근 국가에서 찾아보기 어려운 강력한 경쟁력이었다. 때문에 로마는 이민족과의 전투에서 때로 패배할지라도 빠르게 회복할 수 있었다. 하지만 아드리아노플에서 고트족에게 패배할 당시 로마는 이미 군사적 차별화를 잃은 상태였다. 그러니 이 중요한 전투에서 로마가 승리할 수 없었던 것이다. 경쟁력이 사라진 기업이 시장에서 사라지는 것이 당연하듯, 차별화가 사라진 서로마 제국이 역사에서 사라지는 것 또한 순리였다.

비즈니스 모델과 가치

—

경쟁 기업들과 시장에서 치열한 경쟁을 치러야 하는 기업은 비즈니스 모델이라는 경쟁 무기로 싸운다. 비즈니스 모델은 종종 불확실한 상황과 맞닥뜨린다. 불확실성은 위험(risk: 리스크)과 다르다. 위험은 그래도 상황이 전개되는 방향을 알고 있는 상태이다. 하지만 불확실성은 어떤 대안을 세울지조차 모호한 상황이다. 따라서 불확실성 하에서는 모든 대안이 선택 가능하다. 그러기에 기업 입장에서는 대처 방안을 세우기가 더 어렵다. 이렇게 불확실한 상황에서는 확률성(probability: 프로버빌리티)보다는 오히려 가능성(possibility: 파시빌리티)이 더 적합하다. 확률성이 있는 상황에서는 최소한 계획이라도 세울 수 있기 때문이다.

비즈니스 모델은 사업을 수행하는 템플릿이다. 때문에 해당 템플릿에 맞춰 경영을 하면 일정한 결과가 나온다. 그러나 여기에는 위험이 따른다. 위험한 상황이 닥치면 기업은 다양한 회피 전략을 사용할 수 있다. 반면에 불확실한 상황은 어떤 방향으로 대안을 강구할지조차 모르는 상황이다. 이 경우 가치 중심으로 불확실한 상황을 바라보면 해결책이 보인다. 아무리 상황이 불확실하더라도 시장에 제공하는 가치가 분명하다면, 그 기업은 차별화될 수 있기 때문이다. 차별화된 기업은 불확실한 상황에서도 생존할 수 있다.

가치란 시장에서 기업이 존재하는 이유이다. 기업이 제공하는 가치가 시장에서 받아들여져야만 그 결과로 안정적인 현금 흐름이 지속될 수 있다. 가치에 문제가 생기면 현금 흐름이 원활하지 않거나 심지어 끊어진다. 때문에 불확실한 상황에서는 무엇보다 가치가 생성되는 과정을 면밀히 살펴볼 필요가 있다.

가치의 첫 번째 구성 요소는 가치 제안이다. 즉, 어떤 가치를 시장에 제시하는지 따져보자는 것이다. 이는 해당 기업의 근본적인 비전과 미션에 해당되는 것으로, 기업의 존재 이유이기도 하다. 따라서 꽤나 진지하고 철학적인 표현이 많이 사용된다.

예컨대 전자 상거래 분야에서 원조 격에 해당되는 '아마존(Amazon)'을 보자. 미국에서 핵전쟁에 대비해 국방 과학 기술로 출발한 인터넷이 처음으로 민간에 이전됐을 때가 1995년이다. 이때부터 등장한 기업이 아마존이다. 아마존이 지금까지 생명력을 유지하는 것은 그들의 비전과 미션이 남달랐기 때문이다. 그들의 선언문을 봐도 이를 쉽게 알 수 있다.

먼저 비전 선언문을 보자. 사용된 용어가 조금 철학적이다.[9] 여기서 핵심 키워드는 '고객 중심적인(customer-centric)'이란 부분이다. 즉, 온라인상에서 고객들이 원하는 모든 물건을 다 팔아보겠다는 것이다.

미션 선언문도 살펴보자. 여기선 추상적인 용어 대신 보다 구체적인 표현이 사용된다. "(…)우리는 고객들에게 가능한 한 가장 저렴한 가격, 최고의 선택, 그리고 최고의 편리함을 제공하고자 노력한다.(…)"[10] 고객 입장에서 아마존을 통해 최고 품질의 제품을 가장 싼 가격으로, 그것도 매우 편하게 살 수 있다면, 이보다 더 좋을 순 없다. 이같이 최고의 온라인 쇼핑 환경을 고객에게 제공한다는 것이 아마존의 미션 선언이다. 기업의 비전과 미션이 이러할진대 아마존이 현재 온라인 쇼핑몰 가운데 세계 최고·최대의 플랫폼으로 군림하는 것은 전혀 이상하지 않다.

아마존은 늘 혁신적인 아이디어로 최상의 서비스를 제공하는 회사다. 이는 아마존이 도전적인 비전과 미션 선언문대로 경영하고 있다는 증거이다. 2006년에는 아마존 웹서비스(이하 AWS, Amazon Web Service)[11]라는 혁신적인 클라우드 컴퓨팅 서비스를 시작했다. 이를 활용해 고객은 별도의 전산 부서를 만들 필요 없이 비즈니스 아이디어와 프로세스를 온라인상에서 손쉽게 실현할 수 있다. 때문에 자본이 달리고 인력이 모자란 스타트업 기업들에게 AWS는 특히 인기가 높다. 이미 자리를 잡은 대기업과 중견 기업들도 복잡하고 빠르게 변하는 시장에 유연하게 대응하는 웹 기반

비즈니스 모델을 구현하기 위해 종종 AWS를 활용한다.

AWS의 고객 지향적인 편의성은 빅데이터 시대와 클라우드 컴퓨팅 시대가 도래하면서 더욱 그 빛을 발하고 있다. 수많은 기업과 개인이 AWS를 사용하게 되면서 고객의 사용 패턴을 쉽게 확인할 수 있고, 이는 빅데이터 트렌드와도 잘 맞아떨어졌다. 더구나 AWS 환경에서는 사용자가 쓰는 만큼만 사용료를 지불하는 방식이기 때문에, 불필요한 지출 없이도 알뜰한 웹 기반 운영이 가능하다. 이처럼 시장이 바라는 혁신적이면서도 신뢰할 만한 가치는 그냥 나오는 게 아니다. 아마존과 같이 도전적인 비전과 미션을 세우고, 그대로 실천하는 기업에서만 창출된다.

가치의 두 번째 구성 요소는 가치 활동자(value actors)를 파악하는 것이다. 이는 기업이 제공하는 가치를 만드는 데 기여하는 자를 뜻한다. 일견 가치활동자를 종업원들이라고 생각하기 쉽지만, 반드시 그렇지는 않다. 엄밀히 말하자면, 기업 내 종업원들은 오히려 수동적인 가치 활동자들이다. 그들은 주어진 업무와 책임 범위 하에서만 움직이기 때문이다.

적극적인 가치 활동자는 오히려 고객들이다. 그런데 고객은 말이 없다. 다만 그들은 기업과의 거래에서 남긴 각종 데이터를 통해 기업에게 말을 건다. 경쟁 기업과 비교까지 해가며, 너희 기업은 이것이 문제이고, 이것은 잘하고 있어, 라고 끊임없이 데이터로 말을 건다. 기업들은 그저 일상 활동에 치여 이를 모르고 지나칠 뿐이다.

그러나 이제 상황은 달라졌다. 빅데이터 시대가 도래한 것이다. 컴퓨터 처리 속도와 저장 장치의 눈부신 개선, 그리고 복잡한 연산을 간단히 처리할 수 있는 데이터마이닝 소프트웨어의 등장으로, 어마어마한 크기의 빅데이터가 눈 깜짝할 사이에 처리되고, 그 안에 숨겨졌던 고객의 생각과 행동 패턴들이 드러나고 분석된다. 이렇게 고객이 남긴 데이터는 불확실한 상황에서 올바른 방향을 찾는 기업들에게 나침반 역할을 한다.

빅데이터 시대의 고객은 모든 거래에서 자취를 남긴다. 여기엔 고객이 무엇을 원하고 싫어하는지에 대한 정보가 고스란히 담겨 있다. 고객은 이 정보를 통해 기업으로 하여금 자신들의 숨겨진 요구(hidden needs: 히든 니즈)를 찾고, 아직 시장에서 충족되지 않은 요구(unmet needs: 언멧 니즈)를 파악하라고 말한다. 더욱이 페이스북, 트위터, 인스타그램, 카카오톡과 같은 소셜네트워크서비스(SNS)를 통해서는 고객의 심리 정보까지 드러나기 때문에, 빅데이터는 고객에 관한 '거의 모든 것'을 분석 가능한 길로 열어주고 있다. 빅데이터 시대에 이처럼 고객은 적극적으로 자기를 드러내며, 적극적으로 가치를 창조하는 활동자들이다.

가치의 세 번째 구성 요소는 가치 네트워크이다. 적정 가치가 생성되려면 활동자들이 협력할 수 있는 일정한 네트워크가 필요하다. 플랫폼 혹은 인프라와 같은 역할을 하게 될 가치 네트워크가 일관성 있고 효율적으로 가동될 때, 가치 활동자들은 네트워크상에서 최상의 가치를 만들어낼 수 있다. 흔히 볼 수 있는 가치 네트워크는 공급망이다. 이 망 안에서 활동자들은 서로 협력한다. 그러나 공급망은 가치 네트워크의 한 형태일 뿐, 기업의 창의적 발상과 혁신을 통해 언제든 다양한 형태로 발전할 수 있다. 예컨대 오픈 이노베이션 네트워크도 가치 네트워크의 새로운 형태다.

소셜 네트워크와 연결된 가치 생성 또한 새로운 형태의 가치 네트워크가 될 수 있다. 페이스북, 트위터와 같은 소셜네트워크서비스의 사용자는 최종 소비자인 경우가 많다. 이들을 가치 생성에 적극 참여시키되 재미까지 부여한다면, 잠재 고객의 참여는 더욱 뜨거워지게 마련이다.

일례로 미국의 유명 청바지 업체인 '리바이스(Levi's)'는 페이스북의 '좋아요' 마크를 통해 자사의 청바지를 잠재 고객에게 입히는 데 적극 활용하고 있다. 일반적으로 사람들이 친구나 지인의 추천에 대해서는 열린 마음으로 진지하게 생각하는 경향을 이용한 것이다. 자기 친구들로부터 '좋아요' 마크를 잔뜩 받은 제품이 있다면, 고객은 자연스럽게 그 제품에 대해 관심을 갖고 구매할 가능성이 높다. 리바이스는 페이스북을 활용해 제품 홍보와 매출 증대에 큰 효과를 얻었다.

페이스북은 아예 별도의 오픈 에이피아이(API, application programming interface)를 제공해 기업 고객과 개인 고객들이 자체적으로 페이스북을 손쉽게 이용하도록 지원하고 있다. 이렇게 하면 기업과 개인은 페이스북 기능을 활용해 온라인상에서 손쉽게 홍보 활동이나 판촉 이벤트도 할 수 있다. 소셜네트워크서비스가 가져온 새로운 가치 네트워크의 형태인 것이다.

가치의 네 번째 구성 요소는 가치 재무이다. 가치를 만들려면 응당 비용이 발생한다. 그리고 해당 가치가 시장 내에서 고객의 다양한 요구들을 충분히 충족시킨다면, 시장은 상당한 수준의 현금 흐름으로 기업에 보답한다. 가치 재무가 플러스로 나올 때, 해당 가치는 고객들에게 환영받고 있음을 의미한다. 가치 상승으로 기업으로 들어오는 현금 흐름이 좋으면 좋을수록 해당 기업의 경쟁력은 더욱 강화된다.

위기는 반복된다

－

시장이 불확실하고, 고객의 태도가 복잡해지고 다양해진다면, 기업이 제공하는 가치에 대한 고객의 반응 또한 추정이 어려워진다. 더욱이 위기가 닥치면 기업이 제공하는 가치에 대한 고객의 반응은 더욱더 불확실해진다.

이러한 위기 상황에서 기업이 잊지 않고 견지해야 할 것이 있다. 가치를 창출하는 활동자와 가치가 창출되는 네트워크를 더욱 치밀하게 관리하는 일이다. 기업이 고객들에게 가치를 제공하는 능력을 상실할 때, 시장 내에서 그 기업의 존재 의의는 사라져버린다. 그리고 그러한 기업은 곧 퇴출된다.

한 국가와 공동체가 역사에서 사라질 땐 늘 위기가 있었으며, 그 국가와 공동체는 위기를 제대로 관리하지 못했다. 아시리아, 바빌로니아, 페르시아, 그리스, 서로마와 동로마 제국 등 역사의 한 페이지를 장식했던 국가들의 파국이 그러했다. 중세와 근대 이후도 마찬가지다. 예컨대 소련은 현대에 사라진 제국이다. 그 거대한 공산 제국은 공산주의가 초래한 경제적 비효율성과 자원의 왜곡에서 비롯된 위기를 극복하지 못하고 역사에서 사라졌다.

위기는 반복되는 패턴을 가진다. 위기가 보여주는 패턴을 읽어내고 대비해야만 국가와 기업은 위기를 극복할 수 있다. 위기가 닥치면, 기업은 고객에게 약속한 적정 가치를 제대로 제공하지 못한다. 위기 이전에 제공되던 가치의 양과 질이 저하되는 것이다.

위기 상황에서 경영자의 마인드는 어떻게 움직일까? 위기 앞에서 대부분의 경영자는 심리적으로 흔들린다. 자기 연민, 공포감 등 복잡다단한 감정이 엄습하면서 냉정을 잃는다. 신속하고 효과적인 의사 결정이 요구되는 위기의 순간에 오히려 우유부단한 처신으로 허둥대면서 위기 극복의 골든타임을 놓치는 경우가 많다.

위기는 대부분 짧은 시간에 몰아친다. 급박한 위기일수록 머뭇거릴 시간이 없다는 의미이다. 그런데도 많은 경영자들이 위기의 순간에 치명적인 우유부단함을 보인다. 위기 상황에서 경영자의 의사 결정은 신속해야 한다.

화려하게 역사의 전면에 등장했던 수많은 나라들도 위기의 순간에 지도자가 머뭇거리면서 이를 극복하지 못하고 사라졌다. 위기에 처한 나라가 역사에서 사라져가는 과정이 소상히 기록으로 남겨진 사례는 흔치 않다. 특히 멸망하는 나라 입장에서 그 경과를 시간대별로 정리한 사례란 손에 꼽을 정도다. 정복자는 과장된 방법으로 자기 승리를 묘사하곤 하지만, 패배자는 자기 멸망의 기록에 신경 쓸 여력이 없기 때문이다. 그런데 여기 예외가 있다. 바로 동로마 제국이다.

동로마 제국은 흔히 비잔틴 제국으로 불린다.[12] 비잔틴 제국은 1453년 5월 29일 오스만투르크의 술탄 메메드 2세에 의해 멸망[13]할 때까지 약 천년 간 유지된 제국이다. 수도는 오늘날 터키의 이스탄불이다. 비잔틴 시절의 옛 명칭은, 서기 330년 이곳으로 천도를 거행함으로써 제2의 로마를 천명한 황제 콘스탄티누스의 이름을 딴 콘스탄티노플이었다. 오스만투르크의 술탄 메메드 2세의 점령 이후 이름이 바뀐 것이다.

비잔틴 제국의 멸망 과정을 찬찬히 살피다보면, 그 안에서 한 기업이 위기를 예견하고 극복해내는 데 필요한 수많은 노하우들을 발견해낼 수 있다. 생생한 기록으로 남겨진 콘스탄티노플 함락의 과정은, 위기의 원인이 무엇인지, 위기가 진행될 때 기업은 어떤 전략을 취해야 하는지, 위기 극복의 열쇠는 무엇인지 등을 파악

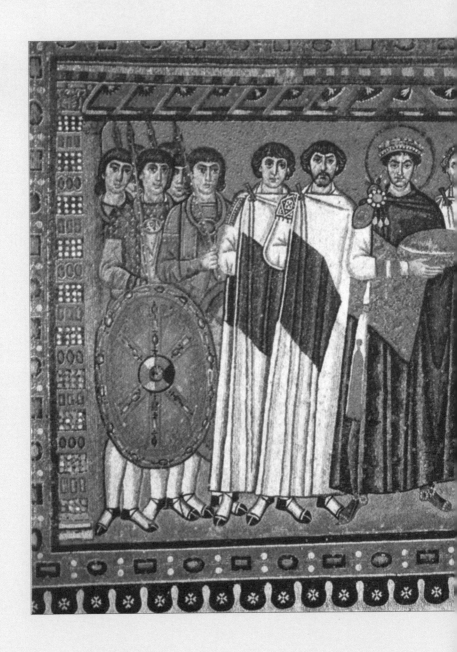

비잔틴 제국의 전성기를 이끌어냈던 황제 유스니티아누스 1세와 그의 수행원들

유스티니아누스 1세(재위 527~565)는 동로마 제국의 황제로, 여러 제도를 개혁하고, 영토를 확장했으며, 하기아 소피아 성당을 재건하는 등 수많은 업적을 쌓았다. 교회에 대한 열정과 헌신으로 동방 정교회로부터 성인의 칭호와 함께 '대제(大帝)'라는 칭호를 받았다. 그림은 이탈리아 라벤나에 있는 산비탈레 성당의 모자이크.

해낼 수 있는 좋은 사례가 된다. 비잔틴 제국의 입장에서 서구 기독교 국가와의 전략적 제휴는 위기 극복을 위해 매우 중요한 역할을 할 수 있었다. 그러나 막상 위기가 전개되자 믿었던 서방 국가의 군사적 지원은 거의 없었다. 군사 지원은 고사하고, 식량 등 물자의 지원마저 지극히 제한적이었다. 위기 시 스스로를 지킬 수 있는 힘을 가지는 것이 얼마나 중요한지 잘 보여주는 사례다.

2장

위기는 반드시 찾아온다

위기는 늘 뜻하지 않게 찾아온다. 어떤 경영자가 위기를 겪고 싶어 하겠는가? 그러나 위기는 반드시 오기 마련이다. 언제 들이닥칠지 모를 뿐이다. 따라서 경영자라면 위기란 늘 대비해둬야 할 대상이 다. 비잔틴 제국은 일찌기 오스만투르크가 몰고 올 위기를 알고 있었다. 그럼에도 다가오는 위기에 대비해 제대로 된 대책과 전략을 세우지 않았다.

구질서의 붕괴

역사에서 제국이 멸망하면 늘 새로운 질서가 자리 잡았다. 비잔틴 제국도 그랬다. 1453년 오스만투르크의 메메드 2세에 의해 콘스탄티노플이 함락되자 유럽에서는 르네상스라는 신질서가 본격화됐다.

본질적으로 르네상스는 물질적 궁핍으로부터 벗어나려는 경제적 이유나 중세의 불평등한 사회 구조를 바꾸려는 변혁의 차원에서 시작된 것이 아니었다. 르네상스는 중세 사회를 강하게 옥죄고 있던, 생각에 대한 속박, 표현에 대한 속박으로부터 자유로워지기 위한 열망의 분출이었다. 예컨대 당시 피렌체 공화국의 실질적 지도자였던 코시모 데 메디치는 교황청에 휘둘리지 않으면서 기존 귀족 세력들을 보다 효과적으로 통제하고 싶어 했다. 이를 위해 그는 새로운 통치 철학을 갈망했으며,[14] 특히 기존의 틀에 얽매이지 않는, 인간 중심의 자유로운 창의성 속에서 새로운 통치 이념을 찾아내고 싶어 했다. 문제는 어디서 찾느냐였다.

이때 뜻밖에 콘스탄티노플이 함락되었다는 소식이 들려왔다. 그 여파로 비잔틴 제국의 수많은 학자와 예술가들이 대거 이탈리아 땅으로 이주해왔다. 그들은 모두 그리스어와 문화에 정통한 사람들이었다. 기존의 전통적인 기독교 이념에 식상해 하던 당시 이탈리아의 지식인들에게 이들은 찬란했던 그리스·로마 인문주의의 전도사 역할을 톡톡히 해주었다. 피렌체, 베네치아, 밀라노 등 당시 이탈리아에서 번창한 도시 국가들이 그들이 주로 활동하던 지역이었다. 이렇게 콘스탄티노플 멸망 이후 비잔틴 제국의 지식인들이 유럽 사회로 본격 유입되면서 르네상스의 불길은 더욱 타올랐다.[15]

코시모 데 메디치(좌)와 로렌조 데 메디치(우)

메디치 가문의 코시모(1389~1464)는 이탈리아 르네상스 시기에 사실상의 피렌체 통치자로 군림했던 정치가이자 세력가 그리고 재력가였다. 그의 손자 로렌조(1449~1492)는 메디치가의 최전성기를 이끈 수장으로, 그의 후원으로 레오나르도 다 빈치와 미켈란젤로 등 르네상스의 천재들이 활발하게 작품 활동을 할 수 있었다. 좌측 그림은 폰토르모(Pontormo) 作, 「코시모 데 메디치의 초상(원제는 "Portrait of Cosimo de' Medici the Elder")」(1518~1520), 우피치 미술관 소장. 우측 그림은 바사리(Giorgio Vasari) 作, 「로렌조 데 메디치의 사후 초상(원제는 "A posthumous portrait of Lorenzo de' Medici")」(1533~1534), 우피치 미술관 소장.

피렌체, 르네상스의 발원지
미켈란젤로 언덕에서 바라본 피렌체의 전경

서로마 제국과 동로마 제국은 여러 측면에서 달랐다. 특히 기독교 신앙관의 차이가 두드러졌다. 성상이나 성화, 그리고 성인의 유품과 유골 등이 신앙적 경배의 대상이 되는가의 문제로 두 제국의 종교관은 정면 충돌했다. 이후 기독교는 끝내 로마 가톨릭(서로마)과 동방 정교회(동로마)로 나뉘게 되고, 사사건건 대립이 이어졌다.

그러다가 온 국토가 오스만투르크에 의해 포위되자, 서구 기독교 국가의 군사적·경제적 지원이 절실해진 비잔틴 제국은 로마 가톨릭과의 종교적 통합을 받아들였다. 때는 1452년 12월 12일이었다. 콘스탄티노플의 하기아 소피아 성당에는 당시 로마 가톨릭의 수장인 교황이 파송한 이시도로스 추기경과 비잔틴 제국의 황제, 그리고 중신들과 교회 통합을 지지하는 동방 정교회 사제들이 모였다. 이날 이들은 1439년 7월 6일 피렌체 공의회에서 결정된 서방 교회와 동방 교회의 통합을 공식적으로 추인하는 모임을 가졌다.

하지만 이는 어디까지나 비잔틴 제국의 상황이 워낙 어려우니 서구 기독교 국가들의 원조를 받기 위한 상징적인 제스처에 불과했다. 실제로 제국 내 대부분의 사제들과 일반 국민들은 로마 가톨릭을 받아들일 생각이 조금도 없었다. 그들에게 진정한 신앙은 동방 정교회뿐이었다.

사실 콘스탄티노플 함락 당시 비잔틴 제국은 이미 유럽에서 존재감을 잃어버린 상태였다. 그러나 서유럽인들에게 비잔틴 제국은 여전히 로마의 후예였다. 특히 제국의 수도인 콘스탄티노플에 대해서는 막연한 경외심마저 갖고 있었다. 서유럽에서는 이미 천년 전(서기 476년) 서로마 제국이 멸망하면서 사실상 로마의 자취와 향기는 자취를 감춰버렸지만, 동방의 콘스탄티노플은 여전히 옛 로마 시대의 문화적 향기를 품고 있었기 때문이다. 제국이 쇠락하면서 정치적·경제적 영향력은 약화되고 있었지만, 역사적으로나 문화적으로 콘스탄티노플은 찬란한 로마의 고도로서, 당대인들이 살아 있는 고대 로마의 영광을 체감해볼 수 있는 유일한 도시였다.

이처럼 남다른 의미를 가진 콘스탄티노플이 이교도의 나라인 오스만투르크에게 멸망했다는 사실은 서유럽인들에게 엄청난 충격과 슬픔으로 다가왔다. 이제 이 땅에서는 더 이상 고대 로마의 영광을 체험할 수 없다는 애잔함과 아시아 지역에서 이교도의 서유럽 진출을 막아내는 방패가 사라졌다는 불안감이 교차된 미묘한 감정이 온 유럽을 휩쓸었다.

옛 로마 제국의 영광을 상징하던 콘스탄티노플이 사라지자 유럽의 정치·경제적 질서는 재편되기 시작했다. 이제는 무시 못할 정치·군사적 주체로 성장한 오스만투르크를 유럽 각국도 협상의 파트너이자 경쟁자로 받아들이기 시작했다. 예컨대 비잔틴 제국의 옛 경제 질서 하에서 이탈리아 도시 국가 베네치아와 제노바는 상당한 경제적 기득권을 누리고 있었다. 베네치아는 제국의 얼마 남지 않은 영토 가운데 펠로폰네소스 지역과 콘스탄티노플 항구를 마음대로 드나들며 교역할 수 있는 권한이 있었고, 베네치아와 앙숙이었던 제노바도 콘스탄티노플 항구와 맞닿아 있는 골든 혼 건너편에 페라라는 자치구를 설치해 자국민을 대거 거주시키면서 제국과의 교역에 활발하게 참여하고 있었다.

그러나 비잔틴 제국이 멸망하자 구체제가 인정한 모든 경제 질서는 붕괴되고, 오스만투르크가 주도하는 새로운 경제 체제가 들어섰다. 모든 결정이 술탄 메메드 2세에 의해 내려졌고 재단됐다. 원래 경제는 모든 질서의 근본이다. 경제가 무너지면 정치·사회·문화적 질서도 모두 무너진다. 경제를 쥔 자가 모든 권력을 쥐게 되는 이치는 예나 지금이나 변함없다.

제국의 몰락을 자초한 만지케르트 전투

1453년 4월 5일, 메메드 2세가 10만여 명의 군대를 동원해 콘스탄티노플 성곽과 마르마라 해 주변을 에워싸기 시작하면서 본격적인 전투가 시작됐다. 비잔틴 제국 입장에서 볼 때 이미 상황은 절망적이었다. 비잔틴 제국을 구할 수 있는 유일한 길은 기독교 국가로부터 지원군이 제때에 도착하는 것뿐이었다. 트라키아(발칸 반도와 오늘날의 루마니아, 알바니아, 불가리아 일대), 그리스, 흑해 연안, 그리고 아나톨리아 반도 등 광대한 영토를 차지하고 천년을 호령해오던 비잔틴 제국이 어쩌다 이런 지경에까지 내몰렸을까? 결론부터 얘

콘스탄티노플 공성전

콘스탄티노플 성곽을 에워싸고 벌어졌던 공성전을 묘사한 당시 미니어처 작품.

만지케르트 전투

15세기 프랑스에서 그려진 만지케르트 전투 그림. 군대의 복장은 당시 서유럽의 무장 방식을 그대로 보여주고 있다.

기하자면, 위기 예측과 위기관리를 제대로 하지 못했기 때문이다.

비잔틴 제국의 전성기는 아나톨리아 지역을 효과적으로 지배한 기간과 정확히 일치한다. 아나톨리아 땅은 현재 터키가 위치한 소아시아 지역으로, 초기 기독교 유적이 많이 남아 있어서 지금도 성지 순례 행렬이 끊이지 않는 곳이다. 또한 이곳은 땅이 비옥해 농사가 잘 되기로도 유명하다. 우스갯소리로 나뭇가지를 꺾어 땅에 꽂아놓기만 해도 뿌리가 내린다고 할 정도이다. 그러니 예부터 사람들이 많이 살았고, 물자가 풍부했으며, 그만큼 세수입이 많았던 곳이다. 당연히 전쟁이 일어나면 군사와 물자의 동원이 용이한 지역이었다. 비잔틴 제국이 콘스탄티노플에 정도한 이래 천년 간을 강대국으로 버틸 수 있던 까닭은 이처럼 모든 것이 풍요로운 아나톨리아 지역을 차지하고 있었기 때문이다.

그런데 만약 이 지역을 잃는다면 어떻게 될까? 결과적으로 세수입이 현저히 줄어들고, 전쟁이 일어났을 때 군사력 조달이 어렵게 된다. 국가 경쟁력의 쇠퇴가 불가피해진다. 예나 지금이나 국력에서 경제력과 군사력이 차지하는 비중은 절대적이다. 한 나라의 경제력과 군사력이 취약해졌다고 판단되면, 인근 국가들이 넘보게 되어 있다. 비잔틴 제국도 이 같은 수순으로 위기가 시작됐다.

따라서 비잔틴 제국의 진정한 위기는 1071년 8월 26일에 일어난 만지케르트 전투에서 시작되었다고 할 수 있다.[16] 이 전투에서 비잔틴 제국은 황제가 직접 정예 병사 4만 명을 데리고 참전해 셀주크투르크 군사 2만 명과 전투를 치뤘다. 만지케르트는 오늘날 터키의 말라즈기르트로, 아나톨리아 지역의 동쪽 끝에 위치한 국경 지대이다.

만지케르트 전투가 벌어질 당시만 하더라도 비잔틴 제국은 체제가 유지되고 경제력도 있는 나라였다. 당시 제국의 황제는 로마노스 4세. 불과 3년을 재위한 단명의 황제였지만, 그가 참전한 만지케르트 전투는 세계사의 물결을 바꾼 일대 사건이 됐다. 그리고 그는 그 전투에서 목숨을 잃었다.

만지케르트 전투를 이해하기 전에 먼저 짚어둘 게 있다. 흔히 '투르크족'은 오늘날 터키를 이룬 민족을 총칭하는데, 우리에게는 투르크보다 오히려 '돌궐족'이라는 단어가 더 익숙하다. 돌궐족은 삼국시대부터 한민족과 어울려 살아온 유목 민족이다. 돌궐은 한자로 '突厥'이라 적는다. 한자의 뜻에서조차 적진을 휘젓는 유목민의 냄새가 물씬 풍긴다. 그만큼 호전적이고 강인하며 말을 잘 다뤘다. 애당초 유목민은 누군가의 밑에서 고분고분하게 명령을 받들며 사는 기질이 아니다. 그들 사이에선 늘 내분이 있었고, 서로 뭉치지도 못했다.

하지만 그들 가운데서 강력한 카리스마를 지닌 지도자가 나타나면 그 어떤 나라도 범접하지 못할 군사력과 응집력을 보여주었다. 세계사에 큰 족적을 남긴 몽골, 셀주크투르크, 오스만투르크 등이 유목 민족들이 세운 대표적인 제국이다.

투르크족은 오늘날 중앙아시아와 만주를 포괄하는 초원 지대에 흩어져 살았다. 투르크족 가운데 서투르크족 일파가 셀주크투르크 제국과 오스만투르크 제국의 기원이 된다. 셀주크투르크족은 토그릴 베그라는 인물에 의해 본격적으로 역사의 전면에 등장하는데, 그의 조카인 무하마드 빈 다우드 챠그리가 만지케르트 전투에서 비잔틴 제국의 로마노스 4세를 포로로 잡고 아나톨리아 땅을 접수하면서 그 지역 맹주로 일어선다. 살아생전에 보여준 뛰어난 군사적 재능 때문에 그는 호명 자체가 어려운 본명보다 '영웅적인 사자(heroic lion)'라는 뜻의 투르크어 '알프 아르슬란(Alp Arslan)'이라는 칭호로 널리 알려진 인물이다.

그는 늘어나는 인구를 먹여 살리고, 이슬람의 맹주로 올라서려는 스스로의 욕망도 충족시키기 위해, 1064년에 비잔틴 제국이 관할하던 아나톨리아 지역 내 아르메니아의 수도인 아니(Ani)를 점령하고 약탈한다. 이는 제국의 핵심 이해 지역인 아나톨리아 지역 전체가 위험해질 수 있다는 의미였기에, 이에 놀란 비잔틴 제국은 몇 년을 벼른 끝에 로마노스 4세가 직접 군사를 일으켜 셀주크투르크를 응징하러 나섰다. 그리고 셀주크투르크에게 빼앗겼던 히에라폴리스 밤비스를 탈환하고, 제국의 또다른 국경도시인 이코리움에 대한 셀주크투르크의 공격을 저지시켰다. 이때가 1068년이다.

하지만 셀주크투르크는 여전히 제국의 핵심 이해 지역인 아나톨리아 동쪽을 어슬렁거리며 틈틈이 기회를 엿봤고, 이런 도발은 로마누스 4세의 심기를 불편하게 만들었다. 제국의 핵심 이해 지

알프 아르슬란의 동상

역인 아나톨리아 지역의 방어가 뚫리면, 제국 전체가 위험해질 수 있음을 황제도 잘 알고 있었다. 더구나 당시 황실 내부에서 벌어지는 귀족 간의 갈등은 황제를 더욱 힘들게 만들었다. 황제로서는 정국의 안정을 위해 정치적인 돌파구가 필요했다. 셀주크투르크와의 전투에서 군사적인 승리를 거두면 황제의 권위에 도전해오는 귀족들을 효과적으로 억누를 수 있다는 계산이 로마노스 4세의 아나톨리아 원정길을 재촉했다.

제국의 생명줄인 아나톨리아 지역에 대한 셀주크투르크의 공격을 차제에 확실히 저지하기 위해 로마누스 4세는 어려운 경제 사정에도 불구하고 투르크계와 노르만계의 용병들을 과감하게 채용하면서 군대를 증강시켰다. 또한 자신의 지위를 노리는 귀족 가문의 일원(안드로니쿠스 두카스)을 일부러 원정대에 동행시켜 부재중 후위를 든든히 했다. 자신이 신뢰하던 장군(니세포루스 보타니아테스)을 수도에 남겨놓아 황제가 자리를 비운 사이 발생할지도 모를 소요도 미연에 차단하였다. 그러나 이런 정치적 산법은 앞으로 전개될 만지케르트 전투에서 결정적인 패착이 됐다. 황제에게 불만을 품고 왕위 찬탈의 명분만 찾던 두카스가 황제의 허락도 없이 전장을 이탈해 콘스탄티노플로 회군해버렸기 때문이다. 이로 인해 군대의 기강이 무너졌고, 사활이 걸린 만지케르트 전투에서 제국군이 패배하고 황제가 포로로 잡히는 빌미가 됐다.

로마 제국의 전성기를 연 카이사르조차 군사 행동에서는 철저하게 군사적 실리만을 따졌다. 모든 불필요한 정치적 판단을 멀리하고 냉정하게 군사적 실리만을 따진 카이사르의 판단력이 그가 주요 전투에서 연전연승을 거둔 원동력이었다. 반면 그의 최대 정적이었던 폼페이우스는 뛰어난 장군 출신이었음에도 불구하고, 결정적인 승부처가 된 파르살루스 전투[17]에서 원로원 의원들의 정치 공세와 훈수에 휘말려 냉철한 군사적 판단력을 잃고 말았다. 로마누스 4세도 제국의 운명이 걸린 이 중요한 전투를 군사적 관점이 아닌 정치적 관점으로 접근하는 결정적 실수를 저지르고 말았다.

어쨌든 제국의 핵심 이해 지역인 아나톨리아 동쪽 국경을 위협하는 셀주크투르크를 제압하기 위해, 1070년 로마누스 4세는 두 번째로 군사를 일으킨다. 그리고 운명의 장소, 만지케르트로의 행군이 시작되었다. 그는 알프 아르슬란에게 먼저 평화 공세를 폈다. 술탄이 포위하고 있는 에데사에서 물러난다면, 자신도 2년 전에 점령한 히에라폴리스 밤비스를 술탄에게 되돌려주겠다는 제안이었다. 물론 술탄이 이를 받아들일 것이라 예상하진 않았다. 로마누스 4세의 진군은 계속될 수밖에 없었다.

비잔틴 제국군의 실상

—

만지케르트 전투에서 비잔틴 제국이 패배한 이유를 이해하려면,

폼페이우스의 최후

카이사르와의 동맹이 깨지자 폼페이우스의 말년은 비참했다. 기원전 48년 파르살루스 전투에서 카이사르에게 대패한 뒤, 그는 식솔을 거느리고 도망길에 올랐다. 이집트로 건너가 다시 세력을 규합하기로 작정하고, 이집트의 왕 프톨레마이오스 13세에게 몸을 의탁할 예정이었다. 그러나 프톨레마이오스는 이미 승자로 부상한 카이사르에게 기울어 있었고, 폼페이우스는 결국 자신의 58번째 생일날, 이집트에 상륙하다 죽임을 당하고 만다.

비잔틴 제국 군대의 면면을 우선 살펴볼 필요가 있다. 황제는 먼저 1만여 명의 병사를 제국 내에서 뽑았다. 그리고 500여 명의 프랑크족과 노르만족 용병을 확보해 이들을 루셀 드 바이율 장군 휘하에 두었다. 거기에 투르크인, 불가리아인, 페체네그인, 아르메니아인 등 다양한 인종으로 구성된 용병들을 추가로 편성했다. 한마디로 충성심이 의문시되는 용병들이 비잔틴 제국군 대부분을 차지하고 있었다.

이렇게 어렵사리 뽑아 모은 비잔틴 제국 원정대의 병력 규모는 얼마나 됐을까? 사료에 따라 차이가 많다. 만지케르트 전투에서 승리한 투르크인들의 사료에 의하면 약 20만 명에 이른다고 하고, 『로마 제국 멸망사』를 쓴 에드워드 기번에 따르면 동·서로마의 역사를 통틀어 최대의 병력이 그때 소집됐다고도 한다. 하지만 대부분의 학자들은 약 4만 명 정도의 병력이었을 것으로 판단한다. 이 정도만 하더라도 당시 비잔틴 제국의 빈약한 경제력을 감안할 때 국가적 역량이 총동원된 수준이었다. 제국의 운명을 이 한판 승부에 건 것이다. 로마노스 4세 입장에서도 어렵사리 얻은 황제의 직위를 유지하고 제국 내 귀족들의 도전을 물리치려면, 이 전투에서의 승리가 절실했다.

로마누스 4세 황제가 이끌었던 비잔틴 군대 가운데 '바랑기아인 호위대(Varangian Guard)'는 이력이 특이하다.[18] 이들은 본래 스칸디나비아 출신의 용병 부대로서, 처음에는 스칸디나비아인이 주요

바랑기아인 호위대

주로 9세기에서 10세기에 스칸디나비아에서 동쪽 및 남쪽으로 이주해 지금의 러시아, 우크라이나 일대에 정착한 바이킹족의 일파를 바랑기아인이라고 부른다. 주로 통상업, 노략질, 용병 등으로 활약했으며, 카스피 해에서 콘스탄티노플에 이르는 지역에 걸쳐 살았다. 비잔틴 제국에서 용맹스러운 용병 그리고 제국 황제의 근위대로 명성을 날렸으며, 13세기에 이르러 스칸디나비아와는 단절됐다.

구성원이었다가 시간이 지나면서 게르만인과 앵글로색슨인들로 채워졌다. 당시 이들의 용맹함과 충성심은 용병 세계에서도 전설로 여겨질 정도로 유명했다.

바랑기아인을 일찌감치 눈여겨본 이가 비잔틴 제국의 황제 바실리우스 2세였다. 그는 황제의 자리에 오르기까지 힘겨운 과정을 거쳤었다. 그러던 어느날 바실리우스 2세는 키예프(지금의 우크라이나)를 통치하다 권좌에서 쫓겨나 스칸디나비아로 망명했던 블라디미르가 그곳에서 만난 바랑기아인들을 고용해 전쟁을 치르고 왕위를 되찾았다는 소식을 접하게 된다. 그런데 이들이 키예프에 그대로 눌러앉아 시간이 지나도 자신들의 나라로 돌아갈 기미를 보이질 않자 블라디미르는 초조해졌다. 무려 6천 명이나 되는 바랑기아인 병사들에게 지급되는 급료가 큰 부담이 되었기 때문이다.

사실 바랑기아인들은 블라디미르에게 수시로 콘스탄티노플로 보내달라고 청원하고 있었다. 당시 바랑기아인들에게 콘스탄티노플은 젖과 꿀이 흐르는 꿈의 도시였기 때문이다. 춥고 척박하기 그지없는 스칸디나비아 땅과 달리, 콘스탄티노플에는 보석과 황금이 지천으로 널렸고, 먹거리와 오락거리가 넘친다는 소문이 그들 사이에 퍼져 있었다. 그들은 그곳을 자신들의 언어로 '위대한 도시(Miklagard)'라고 부르면서 그리워했다.

그런데 비잔틴 제국으로부터 블라디미르에게 반가운 소식이 들려왔다. 비잔틴의 황제 바실리우스 2세가 제국 내에서 일어난 반란을 제압하기 위해 급히 군사적 원조를 요청해온 것이다. 블라디미르 입장에서는 생색까지 내면서 바랑기아인들을 콘스탄티노플로 당당하게 파견할 수 있게 되었다.

바랑기아인 병사 6천 명은 이렇게 해서 한꺼번에 콘스탄티노플로 보내진다. 기대했던 대로 그들은 바실리우스 2세에 대항해 일어난 반란군을 효과적으로 제압하면서 자신들의 용맹함을 확실하게 입증하였다. 그리고 황제는 망설임 없이 그들을 자신의 호위대로 삼았다. 바랑기아인의 입장에서는 꿈에 그리던 콘스탄티노플에 정착해 안정적인 수입을 누리게 되었고, 황제의 입장에서는 검증된 호위 군대를 얻은 셈이었다.

동족이 머나먼 타지에서 성공을 거뒀다는 소문은 바랑기아인들 사이에서 빠르게 퍼져 나갔다. 이제 스칸디나비아의 신체 건강한 사내들은 너도나도 비잔틴 제국의 황제 호위대에 들어가는 꿈을 갖게 되었다. 그리고 그 꿈을 이루기 위해 하나둘 콘스탄티노플로 모여들었고, 자신들만의 촌락까지 이루며 거주하였다. 이들은 전투에 투입될 때마다 고용주인 제국의 황제를 기쁘게 했다. 용맹스러움과 경이로운 전투력, 그리고 자신을 고용한 주인에 대한 불굴의 충성심으로 제국 내에서 그들은 확실한 입지를 확보했다.

전략의 실패가 패배를 낳는다

터키의 지도를 펼쳐보면, 수도 콘스탄티노플(지금의 이스탄불)에서 전투가 벌어졌던 만지케르트까지의 거리를 알 수 있다. 매우 먼 거리다. 원정대 입장에서는 상당히 고통스러운 행군이었을 것이다. 로마누스 4세는 가능한 한 빨리 만지케르트를 되찾고 싶어 했다. 동시에 근처에 있던 제국의 요새 킬라트까지도 회복하고 싶어 했다. 당시 그의 판단으로 알프 아르슬란의 군대는 만지케르트에서 멀리 떨어져 있었다. 그러나 현실은 그렇지 않았다. 알프 아르슬란은 3만 명의 기마병을 이끌고 이미 만지케르트 근처인 아르메니아에 당도해 있었다. 로마누스 4세는 이미 정보전에서부터 패배한 것이었다. 반면 알프 아르슬란은 첩자를 풀어서 비잔틴 제국 군대의 이동 경로와 현재 위치까지 소상하게 파악하고 있었다.

전장의 상황과 적의 위치 및 이동 경로에 무지했던 로마누스 4세는 또 하나의 결정적 실수를 저지른다. 휘하의 병력을 둘로 나눈 것이다. 군사 작전의 철칙 가운데 하나가 병력을 분산해서는 안 되는 것이다. 적을 효과적으로 제압하려면, 아군 병력을 결집하고 화력을 최대한 집중해 적에게 쏟아 부어야 한다. 그런데 로마누스 4세는 바랑기아인 호위대, 제국 군대 일부, 페체네그인 용병, 그리고 프랑크 용병 등 총 2만 명의 병사를 떼어, 동행한 장수인 존 타르차네이오테스 장군에게 맡겼다. 이들에게 주어진 임무는 만지케르트 근처 요새인 킬라트의 점령이었다. 하지만 막상 셀주크투르크 군대와 맞닥뜨린 타르차네이오테스의 군대는 그 위용에 놀라 싸워보지도 않고, 전장으로부터 도망쳐버렸다(일설에 따르면, 도망친 것이 아니라 셀주크투르크 군대에 의해 궤멸됐다는 의견도 있다. 어쨌든 황제에게 전혀 도움이 되지 못한 것은 분명했다). 휘하의 군대 절반이 이런 식으로 사라진 것도 모른 채, 로마누스 4세 황제는 나머지 병력을 이끌고 1071년 8월 23일 만지케르트에 도착했다.

셀주크투르크 군대가 아직 도착하지 않았다고 생각했던 비잔틴 제국군은 이미 도착해 있는 적군을 보고 깜짝 놀랐다. 하지만 여전히 알프 아르슬란의 본진은 아직 당도하지 않았다고 오판한 로마누스 4세는 휘하의 아르메니아 출신 장수 바실라케스에게 약간의 기마병을 붙여서 공격을 명령한다. 그러나 이 섣부른 공격은 실패했고, 바실라케스 장군마저도 포로로 잡히는 신세가 되었다.

로마누스 4세는 다시 진용을 정비해 이번에는 브리예니우스 장군으로 하여금 2차 공격을 감행하도록 한다. 그러나 이들 역시 적의 기동력에 순식간에 무너지면서 궤멸에 가까운 피해를 입었다. 결국 전투의 주도권은 완전히 셀주크투르크 쪽으로 넘어가버렸다.

예상 밖의 패배가 이어지자 다양한 출신의 용병으로 구성된 비잔틴 제국군의 취약점이 적나라하게 드러나기 시작했다. 먼저 투르크족 출신의 용병들이 동족인 셀주크투르크 진영으로 대거 이탈했다. 원정대의 동요가 시작되자 다급해진 로마누스 4세는 허겁지

겁 킬라트로 보냈던 존 타르차네이오테스 부대를 소환했지만 이들의 종적은 찾을 수가 없었다.

8월 26일, 운명의 날이 밝아왔다. 황제는 좌측에 브리예니우스 장군이 이끄는 병력을, 오른쪽에 테오도르 알리아테스 장군이 이끄는 병력을, 그리고 중앙에는 자신이 직접 이끄는 군대를 배치해 셀주크투르크의 진영으로 진격했다. 후방에는 만일을 위해 자신의 정적인 안드로니쿠스 두카스에게 예비 병력을 남겨 두었다.

셀주크투르크 군대는 초승달 모양의 진형을 취했다. 가운데가 들어가고 좌우 측면이 비잔틴 제국 군대 쪽으로 튀어나온 형태였다. 누가 봐도 비잔틴 제국 군대를 포위하려는 의도가 깔린 병력 배치였다. 이런 의도를 아는지 모르는지 비잔틴 제국 군사들은 차근차근 투르크 군대 진형 안으로 진격해 들어갔고, 예상대로 투르크 군대는 중앙을 조금씩 뒤로 물러나게 하면서 제국군을 유인했다. 그리고 좌우 측면의 병력은 제국 군대의 허리 쪽으로 조여 들어갔다.

오후가 되자 전투의 결과가 드러나기 시작했다. 셀주크투르크 군대는 비잔틴 제국 군대의 진형을 흔드는 데 성공했고, 비잔틴 병사들은 흐트러진 진형 속에서 각자도생을 벌여야 하는 오합지졸로 변해버렸다. 전투의 승패는 교전 내내 자신의 진형을 유지할 수 있는가에 달려 있다. 잘 훈련받은 군대는 어떤 상황에서도 진형을 유지하면서 일정 수준 이상의 전투력을 유지한다. 반면 그렇지 않은 군대는 진형이 흐트러지면서 집중력을 잃고 와해된다. 더욱이 비

포로가 된 황제 로마누스 4세

보카치오의 『데 카시부스 비로룸 일
루스트리움(De Casibus Virorum
Illustrium)』의 15세기 프랑스 번역물의
삽화로, 알프 아르슬란의 발아래 비잔틴
황제의 얼굴이 놓여 있다.

잔틴 제국군은 다양한 인종으로 구성된 용병 집단이었다. 위기가
시작되면 구심점 없이 쉽게 와해되는 구조였다.

전세가 불리해지자 예비 병력으로 후방에 남아 있던 두카스는
황제의 허락 없이 군대를 돌려 전장에서 이탈해버렸다. 제국군의
후방이 갑자기 텅 비어버린 것이다. 이윽고 후방에서조차 지원군
이 아닌 투르크 군사들이 덮쳐오자 비잔틴 군대는 완전히 전의를
상실한 채 속절없이 무너졌다. 불운하게도 로마누스 4세는 부상을
당한 채 셀주크투르크 군사에게 발견돼 알프 아르슬란 앞으로 끌
려오는 신세가 되었다.

사실 셀주크투르크도 감히 비잔틴 제국의 황제를 포로로 잡으

리라고는 생각지 못한 터였다. 그래서 알프 아르슬란은 포로가 된 로마누스 4세를 정중히 대했다. 그러나 술탄 앞에 포로로 잡혀온 로마 황제의 초라함은 두고두고 수많은 글과 그림에서 묘사되었다.

역사서에는 술탄과 황제 사이에 오고간 대화가 다음과 같이 기록돼 있다. "술탄이 묻기를, 내가 당신의 포로가 됐다면 당신은 나를 어떻게 했겠소? 그러자 황제가 답하기를, 아마도 당신을 죽였거나, 사람들에게 보란 듯이 당신을 콘스탄티노플 시내로 끌고 다녔을 것이요. 이에 술탄은 잠시 생각에 잠기더니 멋진 대답을 남긴다. 당신에게 내가 내리는 벌은 훨씬 무거운 것이요. 난 당신을 용서하겠소. 이제 당신은 자유의 몸이요." 자신의 말을 지키려는 듯 술탄은 실제로 황제에게 최대한 친절을 베풀었고, 휘하 병력을 대동시켜 황제를 제국으로 돌려보냈다. 그러나 황제는 고국 땅으로 돌아간 후 정적이던 두카스와의 싸움에서 패배하였고, 체포돼 황제 직을 빼앗기고 고문까지 당했다. 그 뒤 두 눈이 뽑힌 채 유배지에서 쓸쓸하고 비참하게 죽어갔다.

·

핵심 역량을 잃으면 모든 것이 사라진다

━

대개 전투가 끝나고 나면 곧바로 승자의 뜻대로 해당 지역의 정치 체제가 변화한다. 그러나 만지케르트 전투는 그렇지가 않았다.

언급했듯이 당시 원정에 동원된 4만 명의 비잔틴 제국 군대 가운데 2만 명은 킬라트 요새를 공격하기 위해 빠졌고, 이들은 전투 한 번 안 치르고 꽁무니를 뺐다. 나머지 2만 명의 군사가 황제의 지휘 하에 만지케르트 전투에 임했지만, 이들 중 일부는 두카스가 데리고 현장을 이탈해버렸다. 나머지 군사들도 술탄의 아량으로 로마누스 4세 황제와 함께 콘스탄티노플로 귀환했다.

정작 만지케르트 전투로 가장 큰 타격을 입은 것은 비잔틴 제국의 명성이었다. 사실 이 전투가 있기 직전만 하더라도 주변 국가들은 여전히 비잔틴 제국과의 정면 승부를 꺼리는 분위기였다. 국운이 쇠하고 있을지언정, 그래도 로마 제국이었기 때문이다. 그러나 만지케르트에서 드러난 제국 군대의 형편없는 규율과 훈련 상태, 그리고 그들과 싸워서 승리를 직접 체험한 셀주크투르크는 더 이상 비잔틴 제국을 두려워하지 않게 되었다.

만지케르트 전투 이후 아나톨리아 지역은 더 이상 비잔틴 제국의 아성이 아니라, 셀주크투르크가 맘대로 드나들어도 되는 만만한 땅으로 변했다. 게다가 두카스가 주도한 쿠데타로 로마누스 4세가 강제로 폐위·살해되자 제국의 정치 판도는 요동쳤다. 더 이상 아나톨리아를 지킬 여유가 없었다. 한때 제국의 심장이었던 이곳은 서서히 그리고 속절없이 제국의 통제권에서 사라졌다. 사실상 제국의 운명도 이것으로 결정된 셈이다.

기업이 생존하기 위해서는 핵심 역량이 있어야 한다. 핵심 역량은 다른 경쟁 기업과 비교되는 차별화의 원천이다. 기업은 어떤 일이 있어도 핵심 역량을 잃어서는 안 된다. 비잔틴 제국의 핵심 역량의 원천은 아나톨리아 지역이었다. 이 지역의 넉넉한 생산력과 세수입, 그리고 풍부한 노동력은 비잔틴 제국을 지탱해주는 생명줄이었다. 비잔틴 제국은 이곳을 반드시 지켜야 했다. 어떠한 대가를 치르더라도 아나톨리아 지역을 사수해야 했다. 하지만 제국은 미숙한 국정 운영과 내분, 그리고 어설픈 병력 운용으로 인해 이 핵심 지역을 빼앗기고 말았다. 사실상 이때부터 제국은 독자적으로 생존할 수 있는 역량을 상실하고, 1453년 멸망할 때까지 끝없는 혼돈과 나락 속으로 빠져들었다.

3장

위기는 내부에서 시작된다

위기의 근원

—

기업이 위기에 처하면 대개가 외부 환경의 급격한 변화에서 그 원인을 찾곤 한다. 특히 자고 일어날 때마다 기술 혁신이 이뤄지는 요즘, 조금이라도 트렌드에 뒤쳐질 때 시장에서 경쟁력을 잃는 건 시간문제다. 코닥, 블랙베리, 노키아 등의 사례가 이 사실을 입증한다. 하지만 자세히 들여다보면, 기업의 진정한 위기는 먼 곳이 아니라 가까운 기업 내부에서 시작된다.

예컨대 아날로그 필름의 맹주 코닥은 누구보다도 먼저 디지털 카메라의 등장을 알고 있었다. 실제로 디지털 카메라 시제품을 가장 먼저 만든 것도 코닥이었다. 그럼에도 불구하고, 놀랍게도 디지

세슨과 세계 최초의 디지털 카메라(CCD)

1975년 코닥의 전자 사업부 엔지니어였던 스티브 세슨은 세계 최초로 디지털 카메라를 만들어 낸다. 그러나 코닥은 이 카메라가 향후 아날로그 필름 시장 전체를 바꿔놓을 것이라고 결론 내리고, 이에 대한 상용화를 중지시켰다. 또한 필름 시장의 붕괴를 우려해 간간이 디지털 카메라 시험판만을 출시해 본격적인 디지털 카메라의 출현을 억지로 늦추려 했다. 이러한 억제 전략은 20여 년간 이어졌지만, 1998년 디지털 카메라의 대중성을 예측한 일본 카메라 기업들이 보급형 디지털 카메라를 출시하기 시작하면서 아날로그 필름 카메라 시장은 급속도로 냉각되기 시작했다. 이러한 시장 역전에 코닥의 입지와 수익은 급격하게 줄어들기 시작했다.

털 카메라가 몰고 올 파급력에 대해 코닥은 과소평가했다. 아날로 그 필름이 당장 가져다주는 현금과 수익성에 안주하면서, 디지털 카메라와 아날로그 필름을 어설프게 결합시키려는 시늉만 하면서 아까운 골든타임을 허비했다. 코닥이 처한 위기의 본질은 외부가 아니라 내부에 있었다. 코닥의 주요 의사 결정자들이 취한 현실 안주적인 태도가 진정한 위기의 시작이었던 셈이다.

노키아도 그랬다. 2008년도부터 노키아는 기존 휴대폰 시장에 심각한 변화가 있음을 깨닫고 서둘러 대비에 들어갔다. 문제는 기존 피처폰(Feature phone)에 탑재된 운영 체제인 심비안(Symbian)을 애플의 스마트폰 운영 체제인 아이오에스(iOS)와 경쟁할 만한 운영 체제로 바꾸려고 한 시도였다. 설계부터 아이오에스와는 차원이 다른 심비안을 스마트폰에 맞는 운영체제로 탈바꿈시키겠다는 노키아의 전략은 처음부터 잘못된 것이었다.

막대한 비용과 인력을 투입했음에도 불구하고 이렇다 할 진전이 없자, 노키아의 최고 경영진은 초조해졌다. 한때 세계 최고 휴대폰 제조업체로서 누렸던 노키아의 자존심과 명성은 스마트폰 시장에서 더이상 찾아볼 수 없었다. 노키아의 주주와 경제 기자들, 시장 분석가와 투자자들은 노키아 최고 경영진을 계속 다그쳤다. 하지만 정작 그들이 한 일이라곤 정한 기일에 맞춰 아이오에스에 필적할 만한 운영 체제를 만들어내라고 부하 직원들을 몰아친 것뿐이었다.

노키아의 중간 경영진 가운데 그 누구도 심비안을 업그레이드 하는 식으로는 아이오에스에 필적할 만한 운영 체제를 만들지 못한다는 솔직한 대답을 감히 최고 경영진에게 내놓을 수 없었다. 직장을 잃을 수 있다는 공포감 때문이었다. 결국 중간 경영진은 시간과 예산이 좀 더 필요하다는 희망 섞인 보고만을 반복했다. 사실상 거짓 보고였다. 한동안 이를 곧이곧대로 믿고 이사진과 투자자들을 설득해온 최고 경영진은 납기가 늦춰질 때마다 중간 경영진에게 대놓고 고래고래 소리치면서 분노를 표했다.[19]

최고 경영진이 연출한 이같은 살벌한 분위기는 곧바로 기업 내부에 공포 분위기를 조성했다. 직장을 잃을지도 모른다는 두려움, 최고 경영진에게 공개적으로 욕을 먹을지도 모른다는 공포감이 중간 경영진 사이에 팽배했다. 그리고 얼마 지나지 않아 노키아 휴대폰 사업부는 마이크로소프트사로 매각되었다.

노키아가 처음부터 제로베이스에서 아이오에스와 경쟁할 만한 스마트폰 운영 체제를 만들어낼 결심을 했다면 사정은 달라졌을까? 시간이 걸렸을지는 몰라도 아마 새로운 운영 체제로 가동되는 또 하나의 명품을 만들어냈을지도 모른다. 그랬다면 지금 우리는 또다른 스마트폰 생태계를 즐기고 있을지 모른다.

심비안은 과거 피처폰 시대에 노키아 핵심 역량의 원천이었다. 그러나 애플의 스마트폰으로 촉발된 2차 스마트폰 혁명이 시작되자 심비안은 노키아의 핵심 역량으로서의 지위를 상실했다. 노키아 입장에서는 스마트폰에 걸맞은 완전히 새로운 운영 체제 소프트웨어가 필요했다. 소프트웨어를 잘 아는 노키아의 중간 경영진은 이 사실을 잘 알고 있었다. 불행하게도 당시 노키아 중간 경영진에는 이같은 사실을 솔직하게 최고 경영진에게 보고할 용기를 지닌 자가 없었다. 이렇게 허둥대면서 금쪽같은 시간은 흘러갔고, 노키아 최고 경영진은 너무 늦게서야 진실을 깨달았다. 그러나 시장은 이미 더 이상 노키아의 경쟁력이 통하지 않는 시장으로 변해 있었다.

중간 경영진의 중요성

기업마다 이른바 경영의 허리라 불리는 중간 경영진이 존재한다. 이들은 일반 직원들과 최고 경영진을 이어주는 역할을 한다. 이들이 흔들리면 기업의 진짜 위기가 시작된다. 내부에서 위기가 시작된다는 말의 의미도 사실 중간 경영진의 중요성을 재차 강조하는 것에 지나지 않는다. 이들로부터 시작되는 위기는 처음에는 잘 눈에 띄지 않는다. 그래서 더 위험하다. 조용히 시작되지만 결과는 치명적이기 때문이다. 설명했듯이, 노키아의 경우엔 중간 경영진이 최고 경영진에게 공포심을 갖게 되면서부터 위기가 시작됐다.

소프트웨어의 개발은 일반적인 제품 생산과는 성격이 크게 다르다. 면밀한 기초 설계와 오랫동안 축적된 노하우가 결합돼야 한다. 더욱이 이미 피처폰에 최적화돼 있는 운영 체제를 스마트폰에 맞게 바꾸는 것이라면 아예 새로 개발하는 일보다 더 많은 시간과 노력이 요구된다. 당시 노키아 최고 경영진은 소프트웨어에 대한 이해와 경험이 없었다. 그러다보니 현실적으로 달성 불가능한 납기와 품질을 요구했다.

초조해진 최고 경영자는 중간 경영자를 강하게 압박했다. 이 경우 먹여 살릴 식구가 있는 중간 경영자가 취할 수 있는 대안은 두 개밖에 없다. 거짓 보고로 상황을 모면하던지, 아니면 용감하게 진실을 말하고 직장을 잃는 것이다. 대부분 첫 번째 대안을 선택했다. 중간 경영진의 희망 섞인 면피용 보고를 믿고, 최고 경영자는 이해 관계자들에게 지키지 못할 약속과 청사진을 발표했다. 이같이 상황은 점점 더 꼬여갔고, 스마트폰 시장에서 노키아의 위상은 순식간에 추락했다.

경쟁력 있는 기업은 중간 경영자의 업무 자세가 남다르다. 최고 경영자나 임원들은 급여도 많고 그만큼 책임감도 강할 수밖에 없다. 사실, 경쟁력 있는 기업이나 그렇지 않은 기업이나 최고 경영자들의 기본 자질엔 크게 차이가 없다. 하지만 직위가 내려갈수록 구성원들의 태도는 소속된 기업의 기강과 경영 철학에 따라 크게 달라진다. 때문에 실질적인 기업 경쟁력은 이들의 영향을 받는다.

중간 경영자 이하 일반 관리자들은 소속 기업이 제공하는 보상과 그에 따른 업무 책임에 민감하게 반응한다. 이들의 속성을 잘 이해하고 현실에 맞는 제도를 꾸려 실천하는 기업이 경쟁력 있는 기업으로 발돋움한다. 위기에 강한 기업일수록 중간 경영진·관리자들이 튼튼하다. 로마 군대에서 허리에 해당되는 중간 관리자급인 백인대장(centurion, 센추리온)이 건재할 때 로마는 가장 번성했다.

비잔틴 제국은 중간 관리자들의 효율성 측면에서도 오스만투르크에게 현저히 밀렸다. 국경 지역이란 늘 크고 작은 분쟁이 일어나고 긴장이 고조되어 있는 지역이다. 만약 이곳에 근무하는 부하들에게 충분한 보상 없이 충성심만 요구하는 나라가 있다면, 이것은 현실을 몰라도 한참 모르는 나라다.

비잔틴 제국이 그랬다. 비잔틴 제국에서 (비공인) 국경 수비대 역할을 담당한 이들이 아크리타이(Akritai)다.[20] 이들은 관할 국경지역에서 일어나는 온갖 험한 일들을 감당하는 대신, 그곳의 상업적 이권을 암묵적으로 중앙 정부로부터 보장받은 집단이었다. 이권만 챙길 수 있다면 무엇이든 할 준비가 돼 있는 자들이었기에, 어지간한 소소한 분쟁은 알아서 처리하곤 했다. 상대하는 사람들이 대부분 소외되고 어려운 자들이었기 때문에 아크리타이는 그들에게 동정적이었다. 종교나 민족이 특별히 문제될 것도 없었다. 아크리타이의 인종 구성은 아르메니아인, 불가리아인, 그리고 비잔틴인 등 다양했다.

아크리타이가 제국 내에서 본격적으로 활동한 시점은 9세기에서 11세기까지다. 이들 덕분에 비잔틴 제국은 이 기간 동안 투르크

아크리타이

족과 맞닿은 아나톨리아 땅 동쪽 국경선을 어느 정도 안정적으로 지켜낼 수 있었다. 사실 아크리타이에게 적정 자율권만 보장해준 다면, 중앙 정부의 입장에서는 큰돈 들이지 않고도 드넓은 아나톨리아 동쪽 국경 지대를 지킬 수 있었다.

그런데 만지케르트 전투가 일어나기 직전 이러한 상황이 급변했다. 이른바 제국의 안정적 세수를 확대한다는 미명하에 중앙 정부에서 아크리타이의 재량권을 대폭 축소한 것이다. 중앙에서 파견된 세리(稅吏)들이 아크리타이가 챙겨오던 이권에 개입하더니, 급기야 그들의 음성적인 수익의 원천마저 빼앗아갔다. 아크리타이 입장에서는 비잔틴 제국에 충성할 이유가 사라져버린 것이다.

아크리타이가 국경 수비에서 사실상 손을 떼자 비잔틴 제국의 아나톨리아 동쪽의 방어 체계는 근본부터 흔들렸다. 투르크족과 분쟁이 생길 때마다 일일이 군대를 파견해야 했고, 대대적인 분쟁을 예고하는 사태가 국경 곳곳에서 끊이지 않았다. 결국 동쪽 국경지대 만지케르트에서 치명적인 전투가 발생했다. 오늘날 터키의 말라즈키르트인 이곳은 지금도 아르메니아와 국경을 맞대고 있다. 이곳을 빼앗기게 되면 아나톨리아 지역 전체가 위험해지는 전략적 요충지였다.

아나톨리아는 그리스인들이 해가 뜨는 동쪽이라 부르던 곳이다. 그들에게 이곳은 머나먼 동쪽의 광활한 지대로 인식되었다. 땅은 기름지고 농사가 잘 돼, 이 지역의 지배자는 엄청난 생산력과 인구를 확보하는 행운을 누릴 수 있었다. 거꾸로 이 지역을 빼앗기게 되면, 이곳에 필적할 만한 다른 곳을 확보하지 않는 한 쇠락의 길을 걸을 수밖에 없었다. 그 정도로 이곳은 제국에게 있어 생명줄과도 같은 지역이었다.

손안에 있을 때 소중함을 모르다가 막상 잃고 나서 뒤늦게 후회하는 건 부질없는 짓이다. 불행히도 비잔틴 제국은 이 지역을 정치적으로 홀대했을 뿐만 아니라, 전략적 차원에서도 철저한 방어를 등한시했다. 결국 비잔틴 제국은 만지케르트 전투에서 패배한 이후, 아나톨리아 지역을 상실하고 껍데기만 남은 채 겨우 명맥을 유지하다 1453년 최후를 맞이하였다.

역사의 법칙과 시장의 현실

여기서 역사를 시장으로 바꾸고, 비잔틴 제국을 경쟁력을 잃은 기업, 그리고 셀주크투르크를 새롭게 떠오르는 기업으로 바꾸면, 기업의 흥망사가 자연스럽게 구성된다.

어제까지 멀쩡하던 기업이 하루아침에 사라지기도 하는 글로벌 시장에서 결코 소홀히 해서는 안 되는 것이 있다. 바로 핵심 인력과 핵심 제품, 그리고 핵심 역량이다. 사람은 언제든 들어오고 나갈 수 있다. 그렇기 때문에 꼭 데리고 있어야 할 인력과 그렇지 않은 인력을 거르는 작업은 어렵지만 필요한 과제다. 기업의 운명을 좌우하는 핵심 제품이 있다면, 그 제품의 경쟁력은 반드시 유지해야 한다. 이를 위해 핵심 역량은 철저하게 관리되어야 한다. 글로벌 시장에서 제품 경쟁력은 늘 위협에 노출되어 있다. 그러한 위협은 대개 경쟁 기업으로부터 오는 것이 일반적이지만, 믿어왔던 고객들로부터도 발생하기도 한다. 어제까지만 해도 우리 제품에 열광하던 소비자가 하루아침에 경쟁사의 제품으로 돌아서는 사례는 헤아릴 수 없이 많다.

역사 속에서 사라져간 수많은 제국과 위인들도 그 나라와 인물 자체로만 본다면 소멸될 이유가 없다. 하지만 이들에겐 공통점이 있다. 변화에 대처하는 데 실패했다는 사실이다. 반면 역사에 굵고 선명한 이름을 남긴 위인들은 시대적 변화에서 야기되는 기회를 놓치지 않았고, 자기 장점을 잘 활용했으며, 따르는 이들에게 관대하고 후덕했다.

예컨대 시장에선 이런 시나리오가 가능하다.

기존 기업 A와 새롭게 등장한 기업 B가 있다고 하자. A는 현재 군림하는 기업이고, B는 아직 이름조차 제대로 알리지 못한 스타트업 기업이다. 대부분의 고객들은 A의 제품에 푹 빠져 있다. 그러던 어느 날 소비자들이 B의 제품을 처음 경험한다. 숫자가 몇 명인지는 중요치 않다. 그것을 사용해본 얼리어답터(early adopter)들이 자신의 경험을 입에서 입으로 전한다. 디지털 시대에 이같은 얼리어답터의 경험은 무서운 속도로 전파된다. 그러자 B가 생산한 제품에 점점 더 많은 추종자들이 몰려든다. A는 뒤늦게 문제의 심각성을 깨닫고 부랴부랴 대책을 강구한다.

그런데 참 이상한 것이 이제까지 승승장구하던 기업일수록 이러한 위기 상황에 더욱더 허둥댄다는 점이다. 지금까지 누려왔던 성공의 달콤함에 젖어 시장의 변화를 감지하고 민첩하게 대응하는, 건강한 생존 감각이 무뎌진 탓이다. 모든 것이 빡빡하던 시절에는 팔팔하게 살아 있던 감각이지만, 오랫동안 성공에 도취되어 근거 없는 자기만족 속에서 살다보면, 그런 감각은 반드시 퇴화되거나 사라지기 마련이다. 그러다 위기 상황에 몰리게 되면, 즉흥적인 대안과 막연한 기대감만으로 어설픈 전략을 세운다. 여기서 시장이 원하는 반응이 나올 리 만무하다.

이런 가운데 잘못된 가정 하에서 입안된 의미 없는 제품 개발에만 몰두한다. 참담한 결과는 이어지고, 그때서야 비로소 그 옛날의 건강했던 감각을 떠올린다. 그러나 이미 때가 늦었다. 시장에서는 더 이상 그 기업에 신뢰를 보내지 않는다. 이제 시장에서 퇴출이라는 부고장이 날아드는 건 시간문제다. 블랙베리, 노키아, 코닥, 샤프 등 한때 강력한 경쟁력을 자랑하던 기업들이 시장에서 사라져간 과정이 이렇다. 냉정하지만 이것이 시장의 법칙이다. 역사의 순환 법칙과 하등 차이가 없다.

비잔틴은 제국을 지탱해오던 아나톨리아 지역을 사수하기 위해 처음부터 치밀한 전략을 세워야 했다. 비잔틴은 이미 그 옛날 세계를 호령하던 군사 강국 로마가 아니었다. 이름만 제국이지 군사적으로나 정치적으로 이미 주변 신흥 세력을 제압하기에는 힘이 빠질 대로 빠진 상태였다.

가지를 우대한 오스만투르크

—

사실 문제의 본질을 파악하는 것이 의사 결정에서 가장 어려운 부분이다. 어리석은 의사 결정자는 중요한 의사 결정에서 종종 자기가 갖고 있는 실제 능력을 망각하고, 체면이나 화려했던 과거에 연연한다. 두말할 것도 없이 이는 실패의 첩경이다.

만지케르트 전투 당시 로마노스 4세가 그러했다. 충성스럽던 아크리타이가 빠진 자리를 4만의 대규모 병력을 동원하여 메꾸고자 하였다. 한 번의 전투로 동쪽 국경 지대의 불안을 잠재우겠다는 심산이었다.

반면에 셀주크투르크의 술탄 알프 아르슬란은 뛰어난 심리전을 펼쳤다. 적국의 황제를 되돌려보내면 그가 고국으로 돌아가서 어떤 대우를 받을지 정확히 파악한 것이다. 포로로 잡혔다 풀려난 로마노스 4세는 알프 아르슬란이 예측한 모든 일을 겪었다. 자신의 황제가 전투 중 어떻게 포로가 됐으며, 또한 어떤 과정으로 방면됐는지 모두 지켜본 제국의 병사들은 콘스탄티노플로 돌아와 이를 주변에 얘기하기 시작했다. 싸움에 지고 포로로 잡혔다 풀려난 황제에 대해 부하들이 좋게 얘기했을 리 없다. 로마노스 4세의 정적들에게는 절호의 기회였다. 그들은 황제를 잡아 직을 박탈한 후 두 눈을 뽑고 추방해버렸다. 황제의 말년은 처참했다.

그러면 오스만투르크는 어땠을까?

오스만투르크에도 비잔틴의 아크라타이와 비슷한 역할을 맡았던 이들이 있었다. 바로 가지(ghazi)였다. 이들은 이교도와 싸우는 이슬람 전사 집단이다. 이를테면 기독교 국가에서 주군에게 충성하는 기사 집단과 유사하다. 기사에게 기사도 정신이 있듯이, 가지에게도 푸투와(futuwwa)[21] 라는 덕목이 있었다.

아크라타이와 비교할 때, 이들이 훨씬 더 충성스럽고 용맹스러

가지

이교도들과 싸우던 이슬람의 전사 집단을 가지라 부른다. 그림은 1396년 도나우 강변의 니코폴리스에서 오스만투르크의 바예지드 1세와 헝가리 왕 지기스문트가 이끄는 유럽 연합군(일명 니코폴리스 십자군) 사이에 일어난 전투를 묘사한 것으로, 가지들의 활약을 담고 있다.

웠다. 이유는 간단하다. 오스만투르크의 지도자들이 그들의 독자적인 생존권과 이익을 관대하게 인정했기 때문이다. 술탄들은 자기에게 충성만 한다면, 가지들이 비잔틴 제국의 국경을 마음대로 침범해 영토를 확장하는 것도 적극 장려했다. 가지도 습성상 중앙 정부의 간섭을 싫어해 독자적으로 행동하기를 원했다. 서로의 이해가 맞아떨어진 것이다.

가지는 정복한 영토의 주민 일상사에도 간섭하지 않았고, 그들의 자율권을 폭넓게 인정했다. 불안정한 국경 지역에 거주하는 비잔틴인의 입장에서는 종교가 아니라 일상생활이 더 큰 문제였으므로, 이들의 출현은 오히려 안정적인 생활에 도움이 되었다. 당연히 주민들은 가지를 반겼다. 사정이 이렇다보니 오스만투르크와 맞닿은 비잔틴 제국의 국경은 속절없이 무너져갔다. 그리고 이러한 가지의 영향력은 수도 콘스탄티노플을 코앞에 둔 아시아 쪽 거점 도시들인, 부르사·니케아·니코메디아의 연이은 함락으로 나타났다.

부르사는 1326년 가을, 오스만투르크의 사실상 창시자인 오스만 1세(재위 1299~1326)가 숨을 거두기 전에 점령되었다. 그의 아들 오르한(재위 1326~1362)은 아버지의 위대한 유업을 그대로 이어받아 비잔틴 제국의 거점 도시들을 하나하나 점령해나갔다. 더욱이 그는 총명하기까지 했다. 그의 의사 결정은 합리적이었고, 치우침이 없이 늘 정확했다. 그의 치세 하에서 오스만투르크의 영토가 확장되고 정치가 안정화된 것은 전적으로 그의 뛰어난 국정 장악 능

오르한 1세

오스만투르크 왕조의 두 번째 지배자로서 아나톨리아와 발칸 반도까지 영토를 확장했다. 그의
치세(재위 1324?~ 1362)는 아버지 오스만 1세 때와 달리 술탄의 권력이 확장되고 강화되는 과
정을 잘 보여준다.

력 덕분이었다.

니케아는 오르한이 보위에 오른 해에 정복되었다. 니코메디아는 항구 도시로서 부유한 곳이었다. 하지만 오르한이 이곳을 향하는 바닷길을 봉쇄해버리자 1337년 오스만투르크의 수하로 떨어졌다. 이렇게 비잔틴은 제국을 운영하는 데 필요한 재원과 군사를 동원할 핵심 지역을 모두 상실했을 뿐만 아니라, 사실상 아시아 지역에서 퇴출당했다. 니코메디아가 정복되던 때부터 오르한은 술탄이라 불리기 시작했다. 그가 보인 뛰어난 리더십을 보면, 그렇게 불릴 자격이 충분했다.

오스만투르크가 비잔틴 제국과의 싸움에서 연전연승을 거둘 수 있던 까닭은 가지들의 투철한 사명감과 용맹함, 그리고 효율적인 인력 운영 덕분이었다. 그들은 아나톨리아 지역에 남아 있던 비잔틴 제국의 거점 도시들을 정복한 뒤에도 오르한 술탄에게 충성을 다했다. 그만큼 오르한 밑에서 술탄을 위해 싸우는 것이 본인들에게도 이득이었기 때문이다. 밑에서 일할 때 얻을 것이 많이 생겨야 그 지도자에게 사람이 모인다. 이는 예나 지금이나 변함없는 법칙이다. 경영의 관점에서 따르는 이에게 후한 보상을 하지 않는 리더가 성공한 사례는 없다고 보면 된다.

오르한은 아나톨리아를 확보한 뒤 바다 건너 유럽 대륙으로 시선을 돌렸다. 그곳은 지금까지 투르크족이 지내온 곳과 사뭇 달랐다. 인구밀도도 높지 않았고 땅도 넉넉했다. 문제는 그때껏 아시아를 벗어나본 적이 없던 투르크족 자신들이었다. 유럽으로 진출하면서 막연한 영토 확장 욕심만 앞세우는 건 곤란했다. 무엇보다 명분이 뚜렷해야 했다.

비잔틴 제국은 이런 측면에서도 오스만투르크에게 선수를 빼앗겼다. 제국의 고질병인 내분 때문이었다. 그리스인은 고대로부터 뭉치지 않기로 유명한 민족이다. 그런 문화 토양에서 살아온 그리스 왕족이 지배하는 비잔틴 제국에 내분이 없다면, 도리어 그게 이상한 일이었다. 비잔틴은 제국의 소중한 전략 거점인 아나톨리아 땅 전체를 잃고 나서도 정확한 상황 판단을 내리지 못하고 있었다. 더구나 당시 인접한 트라키아 지역에서 세를 확장하고 있던 대(大)세르비아 제국도 호시탐탐 비잔틴을 노리고 있었다. 결국 비잔틴은 아시아 쪽에서는 오스만투르크, 유럽 쪽에서는 대세르비아, 이렇게 좌우의 협공을 받으며 궁지에 몰리는 신세가 됐다. 이때가 1340년 대였다.

유럽 문을 열어준 비잔틴 제국

━

비잔틴 황제 안드로니쿠스 3세 밑에서 재상을 지냈던 요안네스 칸타쿠제노스는 황제 자리에 욕심이 있었다. 어린 나이에 제국의 보위에 오른 요안네스 5세가 국정 운영 능력이 없는 것이 문제였다.

안드로니쿠스 3세

섭정 세력이 등장했고, 이를 반대하는 요안네스 칸타쿠제노스 세력과 고질적인 내분이 시작되었다. 요안네스 칸타쿠제노스는 개인적으로 자기 딸을 요안네스 5세와 결혼시켰기 때문에, 사실 황제의 장인이었다. 섭정 세력 입장에서는 요안네스 칸타쿠제노스의 세력이 너무 커진다고 판단했고, 이를 견제하려고 했다. 여기서 밀리면 본인의 정치 생명도 끝난다고 생각한 요안네스 칸타쿠제노스도 정면대결을 선포하고 본격적으로 내분에 뛰어들었다. 그러나 누가 봐도 장인이 사위의 황제 자리를 탐내는 묘한 형국이었다. 이때가 1341년이었다.

군사 행동이 필요할 때마다 아무 생각없이 주변에서 쉽게 구할 수 있는 투르크 용병을 고용해오던 비잔틴 제국은 이번에도 그들을 내세워 사태를 해결하려고 했다. 문제는 투르크족에게 이제는 어엿하게 떠오르는 실세인 오르한 술탄이 존재한다는 사실이었다. 당시 용병 세계는 양분되어 있었다. 오르한에게 충성하는, 규율 잘 잡힌 투르크족 세력이 있는가 하면, 돈만 생긴다면 용병 노릇을 하는 그저 그런 부류도 있었다. 제국의 내분에 연루된 자들도 당연히 이 사실을 알고 있었다.

요안네스 5세의 섭정 지지자들은 당시 아나톨리아에서 여전히 오르한 술탄의 지배에 도전하는 별도의 가지 세력이던 아이딘 공국으로부터 투르크 용병을 고용했다. 요안네스 칸타쿠제노스도 이에 대응하기 위해 직접 오르한 술탄에 도움을 요청했다. 그런데 방법이 파격적이었다. 자신의 딸인 테오도라를 술탄의 부인으로 보내면서 적극적인 군사적 원조를 요청한 것이었다. 술탄의 입장에서는 전혀 손해 볼 것이 없었다. 그는 앉은 자리에서 비잔틴 제국에 정치적으로 개입할 수 있게 되었다. 또한 군사적인 측면에서도 유럽으로 진출하고픈 야망을 자연스럽게 실현할 수 있는 절호의 기회를 잡은 것이었다.

오르한 술탄은 혼인에 대한 답례로 휘하 6천의 정예 투르크 병사를 다르달네스 해협 건너 유럽 대륙으로 파병했다. 승부는 이때 이미 결정된 셈이었다. 과감하게 딸까지 출가시키면서 승부수를 던진 요안네스 칸타쿠제노스의 판단은 옳았다. 오르한의 병사들은 규율도 잘 잡혀 있었고, 훈련도 잘 받은 정예 병력이었다. 용병의 세계에서 규율과 훈련의 정도는 승리와 직결된다. 용맹한 오스만 투르크의 용병은 일순간에 상황을 제압했다. 덕분에 요안네스 칸타쿠제노스는 정적들을 모두 소탕하고, 비잔틴 제국의 황제 요안네스 6세로 등극하게 된다. 이때가 1347년이었다.

사위인 요안네스 5세의 왕위를 찬탈했기 때문에 출발부터 요안네스 6세는 명분이 부족했다. 그러다보니 대외 분쟁에서 승리를 거두어 반대 세력을 무마할 필요가 있었다. 그는 오르한 휘하의 병사를 더 많이 불러들여 대세르비아 제국과의 분쟁에 활용했고, 그 효과를 톡톡히 봤다. 비잔틴 제국의 현직 황제의 요청에 의해 당당하게 유럽 땅에 진출한 오스만투르크 병사들은 이로써 확실하게

요안네스 6세 칸나쿠제노스

사위의 왕위를 찬탈한 장본인이기도 했던 요안네스 6세 칸나쿠제노스(재위 1347~1354)는 끝내 폐위되어 수도원에 들어갔다. 그림은 『요한 6세 칸타쿠제노스의 신학 저서집』에 나오는 「황제와 수도사의 모습을 한 칸타쿠제노스의 이중 초상」이다.

유럽 땅에 자리를 잡았다.

이렇게 제국이 스스로 오스만투르크 용병을 정쟁과 전투에 끌어들인 대가는 컸다. 어찌 보면 유럽에 화근 덩어리를 몰고 온 꼴이었다. 어쨌든 오스만투르크는 차제에 유럽 대륙에 확고한 기반을 다지고 싶어 했다. 그러던 차에 또다시 기회가 찾아왔다. 명분약한 황제로 근근이 버티던 요안네스 6세는 겨우 8년 만에 다시 정적들에 의해 퇴위를 당해 수도원에 감금되는 처지에 놓였다. 그리고 쫓겨났던 요안네스 5세가 다시 복귀했다.

자리를 되찾은 요안네스 5세는 찬탈자가 동원했던 오스만투르크 용병들을 계속 고용할 까닭이 없었다. 비잔틴 제국의 정치적 상황이 이같이 순식간에 뒤바뀌자 오르한 술탄은 이를 빌미로 아예 대놓고 본격적으로 유럽을 침공하기 시작했다. 그의 장성한 아들 슐레이만이 총지휘를 맡은 오스만투르크 유럽 원정군은 아나톨리아 정복을 통해 갈고 닦았던 군사적 능력을 마음껏 발휘했다.

비잔틴 제국의 수도인 콘스탄티노플은 유럽과 아시아를 가르

보스포루스 해에서 바라본 이스탄불

이스탄불(과거의 콘스탄티노플)의 유럽 쪽 전망이다.

는 보스포루스 해협을 바라보는 유럽 지역에 위치해 있다. 도시는 해안을 통한 공격이 어렵도록 건설되었다. 우선 자연 지형을 이용한 거대한 삼각형 모양의 성벽으로 둘러싸여 있다. 첫 번째 성벽은 보스포루스 해협 아래 탁 트인 마르마라 해의 해안선을 따라 바짝 세워졌고, 두 번째 성벽은 보스포루스 해협에서 좁게 유럽 땅 쪽으로 들어오는 만(灣)인 골든 혼²²을 거쳐 들어온 바닷길을 따라 세워졌다. 그리고 세 번째 성벽은 유럽 대륙을 향해 세운 삼중 성벽이다. 이처럼 세 성벽 가운데 두 개가 해안선을 따라 바짝 세워졌기 때문에, 어지간한 해군력이 뒷받침되지 않는 한 바다 쪽에서 이 도시를 공격하기란 쉬운 일이 아니었다. 그나마 현실적인 경로가 유럽 쪽에서 삼중 성벽을 치고 들어오는 방법이었다.

삼중 성벽이 위치한 유럽 지역 배후에 거점 도시 세 곳—코를루, 디디모테이코스 또는 디디모티쿰, 그리고 아드리아노플—이

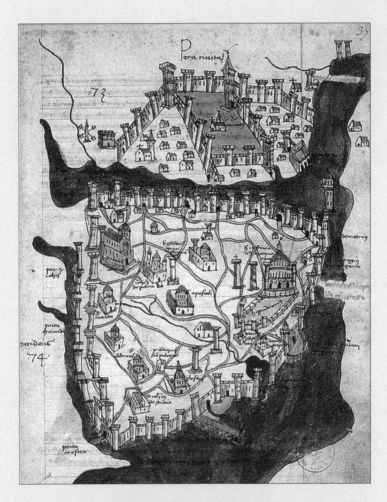

성벽으로 둘러싸인 콘스탄티노플 지도

1422년 피렌체의 지도 제작자인 크리스토포로 부온델몬티(Cristoforo Buondelmonti)가 제작한 콘스탄티노플의 지도로, 현존하는 가장 오래된 지도이다. 지도 아래쪽이 콘스탄티노플이고 위쪽이 골든 혼 너머 갈라타 지역인 페라 지구이다. 이곳은 이탈리아의 도시국가였던 제노바 시민들이 거주했던 자치 구역이다.

있었다. 훗날 오스만투르크 제국의 유럽 지역 수도가 되는 아드리아노플은 비잔틴의 입장에서 제국의 안전을 위해 결코 잃어서는 안 되는 중요한 전략 지역이었다. 이곳을 잃게 되면 육지로부터 적군의 공격에 수도가 그대로 노출되기 때문이었다.

앞서 언급했듯이, 요한네스 6세의 폐위를 빌미로 오르한 술탄은 유럽 원정군을 거병해 다르달네스 해협을 건너 유럽으로 진출했다. 이때가 1356년이다. 그리고 코를루와 디디모테이코스를 연이어 점령했다. 언제든지 아드리아노플을 공격할 수 있는 유리한 고지를 확보한 것이다. 원래 아드리아노플은 로마 황제 하드리아누스가 발칸반도와 트라키아 지역의 방어를 위해 세운 국경 도시였다. 그러던 곳이 비잔틴 시대에 들어와 트라키아 지역의 거점 도시가 되었다. 아드리아노플이 오스만투르크에게 완전히 정복된 시점은 1369년 오르한의 후임인 무라드 1세 때였다. 오스만투르크도 이 지역의 중요성을 익히 알고 있었다.

훗날 콘스탄티노플을 점령하기 전까지 오스만투르크는 제국의 수도를 두 군데에 두었다. 영토가 아시아의 아나톨리아 지역과 유럽 지역으로 나뉘어져 있었기 때문이었다. 아시아에서는 부르사를 수도로 삼았고, 유럽에서는 아드리아노플을 수도로 삼았다. 하나의 나라 안에 두 개의 수도를 가지고 있었기에 불편이 따르는 건 당연했다. 그러니 콘스탄티노플을 점령하려는 동기는 더욱더 강해질 수밖에 없었다.

오르한은 유럽에서 영토를 넓힐 때에도 충성스런 가지들을 적극 활용했다. 성공만 하면 새로운 정착지에서 당당히 터전을 잡을 수 있었기 때문에 가지들은 너도나도 오르한 술탄을 위해 싸웠다. 물론 개인의 이익이라는 사실상의 동기가 작동한 것이지만, 그들은 자신을 믿고 기회를 준 술탄을 위해 최선을 다해 싸웠고, 그에게 승리를 바쳤다. 이렇게 일선 지휘관들에게 적절한 동기를 부여한 오스만투르크는 결정적인 순간마다 승리를 챙길 수 있었다. 일선 지휘관인 아크라타이에게 인색했던 비잔틴 제국과 크게 대비되는 대목이다.

유럽 쪽에서 성공적으로 기반을 구축해간 오르한 술탄은 아나톨리아에서도 차근차근 자리를 잡아나가기 시작했다. 아나톨리아에는 아직 오스만투르크에게 복속되지 않은 가지 토착 세력—사루한 공국, 카라시 공국, 그리고 게르미안 공국—이 남아 있었다. 하지만 술탄은 이들마저 차례차례 제압해 이 지역의 지배권을 확보했다. 유럽 원정 승리의 여세를 몰아 아시아 땅 아나톨리아 지역도 확실하게 수중에 넣은 것이다. 오르한이 사망할 즈음이던 1362년, 오스만투르크는 유럽과 아시아를 포괄하는 무시 못할 세력으로 자리 잡는 데 성공했다. 오스만투르크의 이같은 성공의 이면에는 중간 관리자였던 가지 세력의 이해관계를 보듬으며, 이들의 능력과 충성심을 최대한 끌어낼 줄 알았던 오르한 술탄의 뛰어난 리더십이 있었다.

효과적인 정복지 관리

—

경영의 관점에서 오스만투르크의 이 같은 성공 과정에 눈여겨볼 만한 것이 있다. 정복지를 어떻게 효과적으로 관리할 수 있었는가의 문제다.

정복지란 원래 낯선 문화 속에서 다른 언어를 사용하는 이민족들이 오랫동안 살아온 땅이다. 군사적으로는 복속시켰을지언정 정복자가 토착민들의 애환을 헤아리지 못한다면, 이후 그 땅이 계속 정복자의 손에 남아 있으리라는 보장은 없다. 전쟁은 경제의 토대를 송두리째 부숴버리기 때문에, 재건은 여간 고단한 일이 아닐 수 없다. 정복자가 군사적 목적만 달성하고 떠나버린다면, 파괴된 빈자리는 여전히 토착민들의 몫이 된다. 이렇게 되면 군사적인 성공이 허사가 되버릴 만큼 정복지의 유지가 무의미해질 수도 있다.

따라서 경영의 관점에서 볼 때, 정복 이후 토착민들의 생활 안정과 지역 경제의 활성화는 시급한 당면 과제가 된다. 정복자의 입장에서 저렴한 비용으로 정복지에 안정적인 사회적·문화적 인프라가 구축될 수 있다면, 이보다 더 좋을 수는 없다. 군사적으로도 승리하고, 정복민으로부터도 환영 받는 놀라운 선순환의 고리가 생겨나기 때문이다.

오스만투르크가 뛰어난 정복 세력이 된 배경에는 바로 군사·경제·문화의 핵심 고리가 끊어지지 않도록 연결해준 전문가 그룹이 있었기 때문이다. 군사적 측면에서 가지가 있었다면, 경제적 측면에서는 이슬람의 명예 덕목인 푸투와를 지키는 신실한 장사꾼들의 길드 조합인 아키스(akhis)가 있었다. 그리고 문화적 측면에서는 이슬람 신앙을 전파하고 그에 기초해 젊은이들을 훈련시키고 교육시키는 이슬람 성직자 집단인 울라마(ulama)가 있었다.[23] 가지·아키스·울라마로 이뤄진 삼각 편대는 오스만투르크가 군사적으로 승리를 거둔 지역에 늘 함께하면서 정복지의 환경을 이전과 다름없이 유지시키고, 또한 자연스럽게 투르크화시켰다.

한편 합리적인 세금 정책도 오스만투르크가 빠르게 세력을 확장할 수 있었던 요인이었다. 오스만투르크의 지배 세력은 세금이 얼마나 민감한 문제인지 정확히 이해하고 있었다. 그들은 새로운 정복지에서 비잔틴의 중앙 정부가 부과하던 과중한 세금 제도를 없애버렸다. 그리고 해당 지역의 경제 상황과 정복 당시의 반응, 즉 순순히 항복했는지 혹은 저항 끝에 정복됐는지에 따라 세금을 차등 부과했다. 정복민의 입장에서 비잔틴 치하 때보다 피부로 느껴지는 세금 부담은 오히려 경감되었다.

오스만투르크는 문화적으로도 정복지 주민들을 존중했다. 현지의 문화적 관습과 종교를 존중하고 간섭하지 않았다. 이 역시 정복지에 대한 오스만투르크의 통치 부작용을 최소화시킨 성공적인 전략이었다. 이처럼 오르한 술탄이 보여준 현명한 정복지 경영 전략은 현대 경영학의 원칙과도 잘 맞아 떨어진다.

울라마

이슬람에서는 본래 협의의 성직자나 사제를 인정하지 않았다. 하지만 울라마 집단이 역사적으로 형성되면서 이들을 넓은 의미에서 성직자로 보게 됐다. 세속 권력에 대해 이슬람교도를 대표하고 대변하며, 정치 지도자들도 이들을 존중했다. 울라마의 일부가 기존 지배 체제에 편입되기도 했으나 울라마는 권력층과 피지배민의 중간에 위치하면서 정치적인 기능을 발휘하곤 했다. 현재도 이들은 대중 지도력을 유지하고 있다.

요컨대 비잔틴 제국의 위기는 내부에서 시작됐다. 만지케르트 전투에서 패배하면서 아나톨리아 지역을 상실하고, 제국은 핵심 역량의 원천을 잃어버렸다. 이때까지만 해도 아직 기회는 있었다. 남은 영토를 기반으로 최대한 알뜰하게 살림하고, 국경 수비를 단단히 했어야 했다. 한정된 예산이었지만 군비를 강화하고, 선택과 집중을 해야 했다.

그러나 비잔틴 제국에는 오르한 술탄처럼 영민하고 혜안을 갖춘 지도자가 없었다. 오로지 내부의 권력 다툼에 몰입한 나머지 오스만투르크에게 유럽 진출의 명분을 제공하고 말았다. 유럽으로 진출한 오스만투르크에게 비잔틴 제국은 유럽 땅에 가지고 있던 몇 안 되는 전략 거점들마저 빼앗기고 말았다. 아시아 쪽의 전략 거점이 아나톨리아 지역이었다면, 유럽 쪽 거점은 아드리아노플이었다. 이곳마저 빼앗긴다면 제국에 남은 곳은 이제 수도 콘스탄티노플밖에 없다.

수도를 빼앗기면 제국은 멸망한다. 제국 내부에서 시작된 위기가 이제 제국의 운명을 좌우하는 단계까지 심각해졌다. 이럴 때 제국을 위기로부터 구해낼 지도자가 있을까? 그렇다면 그는 어떤 리더십의 소유자여야 했을까?

4장

위기에 강한 리더

리더는 크게 두 부류로 나뉜다. 위기에 강한 리더와 위기에 약한 리더다. 평소 멀쩡해 보이던 리더도 막상 위기에 봉착하면 한없이 나약해지면서 어찌할 바를 모르는 경우가 많다. 막연하게 뛰어난 리더나 머리만 좋은 리더도 소용없다. 평상시에 잘 통하던 리더십도 위기 상황에는 무용지물인 경우가 많다. 위기일수록 위기에 강한 리더가 절실한 이유다.

위기에 처했을 때, 이른바 관리자형 리더십은 그다지 쓸모가 없다. 위기의 순간 주어지는 시간이 그리 많지 않기 때문에, 정확한 상황 판단과 신속한 행동을 이끄는 리더십이 위기 극복에 관건이 된다. 위기에 강한 리더란 이 두 가지 요소—정확한 판단력과 신속한 실천력—을 동시에 갖춘 자다.

위기 경영 전략은 리더의 성향에 의해 크게 좌우된다. 그가 자라온 환경과 쌓아온 커리어는 나름대로 독특한 리더십을 만들고, 이는 위기에 봉착했을 때 그에 대한 해석과 대응 전략에 결정적 영향을 미친다. 그러다보니 리더가 어디서 태어나 어떻게 자라고 어디서 경력을 쌓다가 어떻게 그 자리에 서게 됐는지를 알아볼 필요가 있다.

메메드 2세

메메드 2세(재위 1444~1446, 1451~1481)는 오스만투르크의 술탄이다.[24] 비잔틴의 수도 콘스탄티노플 공략을 기획하고 진두지휘했으며, 콘스탄티노플을 함락시킨 이후 역사에서 '정복왕'으로 불린다.

1432년 3월 30일, 그는 오스만투르크의 유럽 쪽 수도인 아드리아노플에서 태어났다. 아버지 술탄 무라드 2세의 갑작스런 죽음으로 보위를 물려받았을 때, 그는 열아홉 번째 생일이 채 지나지 않은 상태였다. 이렇게 어린 나이에 술탄에 오른 것도 놀랍지만, 더욱 놀라운 일은 보위에 오른 것이 이때가 처음이 아니라는 점이다.

메메드 2세의 아버지 무라드 2세는 성품이 온화하고 합리적이었다. 많은 신하들이 그를 따랐으며, 백성들 사이에서도 신망이 높았다. 그러나 그는 술탄이라는 자리보다 조용한 삶을 더 원했다.

메메드 2세의 즉위

1451년 아드리아노플(현재 터키의 에드리네)에서 열린 메메드 2세의 즉위식. 메메드 2세(재위 1444~1446, 1451~1481)는 7대 술탄이며, 처음으로 카이사르와 칼리프의 칭호를 쓴 인물이다. 젊은 나이에 콘스탄티노플을 함락하고 비잔틴 제국을 멸망시켰으며 오스만투르크 제국의 판도를 크게 넓혀 '정복자'란 별칭으로 불렸다.

아들(메메드 2세)의 나이 겨우 열두 살에, 그는 전격적으로 술탄의 자리를 양위하고 돌연 은퇴를 선언했을 정도다. 하지만 2년 뒤 오랫동안 호흡을 함께해온 재상 할릴 파샤의 설득으로 술탄으로 복귀했다. 어릴 때부터 정복욕이 넘쳤던 메메드 2세가 무모하게도 콘스탄티노플을 공격하자고 심하게 신하들을 몰아쳤기 때문이다. 그렇게 술탄으로 등극한지 불과 2년 만에 메메드 2세는 보위에서 내려온다. 그의 나이 열네 살 때의 일이었다. 그러다 5년의 시간이 흘러 무라드 2세가 사망하자, 그는 다시 열아홉 살의 나이에 오스만투르크의 술탄으로 등극한다.

메메드 2세는 꽤 굴곡 있는 인생 역정을 헤쳐 나온 인물이다. 술탄이 되는 과정도 그랬지만, 출생과 성장 과정이 남달랐다. 좋다는 의미가 아니다. 그는 한번 목표를 세우면, 이를 집요하게 추구하는 성격이었다. 특히 그는 집요할 정도로 콘스탄티노플 점령을 원했다. 왜 그랬을까? 이를 이해하려면 오스만투르크에게 유럽 땅이 의미하는 바를 이해할 필요가 있다.

우선 오스만투르크에게 유럽 땅은 대대로 신천지로 통했다. 토양이 비옥했으며, 무엇보다 부족 간 생존 경쟁을 벌이지 않아도 되는 넉넉한 곳으로 인식되었다. 아나톨리아 지역을 중심으로 아시아에서 세력을 확장해나가던 오스만투르크가 호시탐탐 유럽으로의 진출을 노린 까닭이 여기에 있었다. 이때 유럽 땅을 밟기 위해 거쳐야만 하는 관문 같은 곳이 바로 콘스탄티노플이었다.

오스만투르크의 입장에서 콘스탄티노플의 점령은 메메드 2세에 의해 하루아침에 이뤄진 일은 아니다. 이전 술탄들의 영토 확장 노력이 차곡차곡 쌓여 마침내 메메드 2세 때 그 열매가 맺어진 것이다. 따라서 콘스탄티노플 정복의 역사는 제국의 기초를 쌓은 오르한 술탄부터 들여다봐야 제대로 보인다.

오르한 술탄(재위 1326~1359)의 탁월한 리더십 하에 오스만투르크는 제국으로서 안정적 기반을 닦는다. 오늘날의 불가리아, 알바니아, 루마니아 등을 포괄하는 트라키아 지역과 발칸반도, 그리고 아시아의 아나톨리아 지역을 점령한 것도 그의 재위 때 이뤄진 업적이다. 오르한의 뒤를 이은 무라드 1세(재위 1359~1389)도 활발한 영토 확장 전쟁을 펼쳤다. 그가 주로 신경을 쓴 곳은 유럽 지역이었으며, 세르비아의 코소보 지역을 공격하다가 목숨을 잃었다.

이어 보위에 오른 바예지드 술탄은 오스만투르크에 위기를 몰고 온 장본인이다. 그의 재위 시절은 티무르 제국[25]이 아시아를 석권하고 유럽을 침공하면서 세를 확장하던 시기와 겹친다. 아시아에서 유럽을 침공하려면 지정학적으로 반드시 오스만투르크와 일전을 벌여야 했다. 그 일전이 오늘날 터키의 수도인 앙카라 지역에서 벌어졌다. 이 전투에서 오스만투르크는 제국 역사상 전무후무한 참변을 당한다. 바예지드 술탄이 포로로 잡힌 것이다. 1년 여의 비참한 포로 생활 끝에 바예지드는 자살[26]을 선택하고, 그 아들 슐레이만이 어수선한 국내외 정세 속에서 술탄의 자리에 오른다.

무라드 1세

오스만투르크 제국의 3대 통치자(재위 1359~1389)로, 오르한 1세와 비잔틴 제국의 공주 헬렌 사이에서 태어났다. 제도와 기초를 정비해 오스만투르크를 제국이라고 불릴 수 있을 정도로 발전시켰기에 훗날 '제왕'이라 불렸다.

티무르에게 잡혀 포로가 된 바예지드 1세

아나톨리아의 여러 제후에게 옛 영지를 돌려주라는 티무르의 요구를 거절한 바예지드 1세는 결국 1402년 앙카라 전투에서 티무르에게 대패해 포로가 됐고, 티무르에게 정중한 대우를 받았지만, 실의 속에 이듬해 감옥에서 죽었다. 바예지드 1세의 죽음에 대해선 자살설과 살해설이 병존한다. 그림은 스타니슬라브 스레보브스키(Stanisław Chlebowski) 作,「티무르에게 붙잡힌 바예지드」(1878), 폴란드 리비브 국립 미술관 소장.

아버지의 비참한 종말을 보면서 충격을 받았는지 슐레이만 술탄은 지금까지의 술탄들과는 달리 주변국들에게 친선 정책을 펴나갔다. 특히 자리보전을 위해 비잔틴 제국과 지나치게 가깝게 지내면서 국내 보수파들로부터도 신망을 잃고, 고립을 자초했다.

유약한 형 밑에는 야심만만한 동생이 있기 마련이다. 슐레이만의 동생 무사는 형제간의 치열한 다툼 끝에 마침내 술탄으로 등극한 뒤, 잔인한 통치로 일관한다. 하지만 그의 폭정에 시달리던 귀족들이 등을 돌리면서 동생 메메드 1세가 점점 힘을 키워나갔다. 아나톨리아에서 힘을 키워나가던 메메드 1세는 마침내 무사를 격파하고, 술탄의 자리에 오른다. 성품이 온화하고 교양이 있던 그는 신하와 백성들로부터 폭넓은 존경과 사랑을 받았다.

메메드 1세 치세 하에서 안정적 성장을 하던 오스만투르크는 그의 사후 장남인 무라드 2세가 술탄에 오른다. 무라드 2세는 제국의 역사에서 상당한 위치를 차지하는 술탄이자, 무엇보다 정복왕 메메드 2세의 아버지로 유명하다. 그는 아버지 메메드 1세를 닮아 온화하며, 문화적 소양을 갖춘 술탄이었다. 특히 그는 오스만투르크가 제국으로 성장하는 데 필요한 정치·군사·경제적 기반을 확실하게 닦았다. 이는 메메드 2세가 콘스탄티노플을 공략하는 데 든든한 밑거름이 됐다. 무라드 2세의 이러한 공헌이 없었다면, 오스만투르크 제국의 오랜 꿈이었던 콘스탄티노플 점령은 상당한 난관에 봉착했을 것이다.

역경을 딛고 일어서는 메메드 2세

—

위대한 술탄 무라드 2세를 아버지로 둔 메메드 2세의 어린 시절은 평탄치 않았다. 무엇보다 그의 최대 약점은 노비 출신인 어머니의 신분이었다. 그녀는 술탄의 후궁이었기 때문에, 그녀가 낳은 아들이 황후가 낳은 아들들과 같은 반열에 있을 수는 없었다.

사실 무라드 2세 입장에서도 메메드 2세에게 관심을 가질 하등의 이유가 없었다. 그의 세 아들 가운데 장남과 차남이 건재했고, 그들의 출신과 교육 수준은 술탄이 되기에 조금도 부족하지 않았기 때문이다. 무라드 2세의 배려 속에 메메드 2세의 형들은 술탄의 아들로서 착실하게 성장했으며, 왕위를 이어받는 데 아무런 문제가 없는 것처럼 보였다.

그런데 예상치 못한 일이 일어났다. 메메드 2세가 다섯 살 때인 1437년, 무라드 2세의 장남이 갑자기 세상을 뜬 것이다. 그리고 불과 6년 뒤에 그의 둘째 아들마저 살해당하는 일이 벌어졌다. 이제 불과 열한 살밖에 되지 않은 메메드 2세가 갑자기 무라드 2세의 유일한 후계자가 된 것이다.

그동안 막내아들에게 관심을 두지 않았던 무라드 2세는 다급하게 그를 궁정으로 불러들였다. 그동안 아버지에게서 아무런 관심을 받지 못하고 방치되었던 그의 상태는 엉망이었다. 무엇보다 술탄으로서 갖춰야 할 기본 소양 교육이 전혀 되어 있지 않았다.

무라드 2세

오스만투르크 제국의 6대 술탄(재위 1421~1444, 1446~1451)으로, 중간에 잠깐 권좌를 내주고 재야 생활을 하기도 했다. 그의 통치 기간은 발칸반도의 기독교 세력과 치른, 크고 작은 투쟁으로 점철돼 있다. 그림은 「궁술을 익히고 있는 술탄 무라드 2세」(1584), 터키 빌켄트 대학 소장.

이에 무라드 2세는 부랴부랴 당대 최고의 가정교사를 그에게 붙여주었다. 영특했던 메메드 2세는 최고의 학식을 갖춘 스승을 만나 철학을 공부하고, 첨단 과학 지식도 빠르게 흡수했다. 그리스 문학과 이슬람 문학은 물론, 필요한 외국어도 배웠다. 술탄이 될 수 있는 기본 소양을 갖추기 시작한 것이다.

아버지로부터 친히 정치 기술도 전수받았다. 메메드 2세는 아버지와는 다른 환경에서 자랐기 때문에, 아버지의 가르침을 있는 그대로 받아들이지 않았다. 어린 나이에 인간 내면의 어둠을 온몸으로 겪었기 때문이다. 그는 형들이 죽기 전까지만 하더라도 궁정 안에서 투명 인간 취급을 당했었다. 그러다 하루아침에 술탄의 후계자가 되자 그의 앞에 굽실거리며 아양을 떠는 이들이 수도 없이 나타났다. 그는 이들을 차갑게 대했다.

그리고 이때 그의 마음속에는 한 가지 확실한 원칙이 생겨났다. 바로 확실한 성공, 그 누구도 생각지 못할 정도의 어마어마한 성공을 거두어야 한다는 것이었다. 그래서 자신의 능력을 만천하에 확실하게 보여주는 것이었다. 출생의 미천함으로 불우한 어린 시절을 보낸 메메드 2세는 사람은 크게 믿을 대상이 아니라는 것을 뼈저리게 느꼈다. 이렇게 다가온 뜻밖의 권세도 한순간에 사라질 수 있음을 그는 잘 알고 있었다. 그래서 그는 더욱 절박하게 성공에 매달렸다. 이전의 술탄들이 이루지 못했던 전무후무한 성공을 거둬 미천한 출생을 확실하게 극복할 수 있기를 갈망했다. 메메드 2세가 유난

스럽게 콘스탄티노플에 집착을 보인 까닭도 여기에 있었다.

리더의 어린 시절은 훗날 그의 리더십 스타일에 큰 영향을 미친다. 이는 최고 경영자 개인의 성향이 한 기업의 위기 경영 전략에 큰 영향을 끼칠 수 있음을 의미한다.

집착과 판단

당시 이슬람교도들에게는 한 가지 전설처럼 내려오는 이야기가 있었다. 고대 기독교도들이 세운 수도를 제일 먼저 공격해 들어가는 이슬람교도는 천국에서 특별한 자리에 앉게 된다는 이야기이다. 전설 속에서 기독인들이 세웠다는 수도의 이름도 콘스탄티노플과 유사한 '코스탄티니야(Qostantiniya)'이다.[27] 다분히 콘스탄티노플을 염두에 두고 만들어진 이야기임에 틀림없으나, 일개 이슬람 병사들에게 기독교도들을 대상으로 싸우는 데 이만한 동기 부여 요소는 없었을 것이다.

메메드 2세에게 이 이야기는 더더욱 절박하게 다가왔다. 그는 모든 이슬람교도들이 꿈에 그리는, 기독교도들의 수도 콘스탄티노플을 직접 점령함으로써, 출생의 미천함을 한 번에 만회할 수 있다고 생각했다. 지금껏 술탄이라면 누구나 한 번쯤 정복하려고 시도했던 곳이 바로 콘스탄티노플이었다. 그의 할아버지뻘인 바예지드 술탄도 이곳을 포위했다가 티무르가 아나톨리아까지 쳐들어왔다는 소식을 듣고 서둘러 포위망을 풀고 앙카라에서 싸우다 포로가 됐었고, 그의 아버지 무라드 2세도 이 도시를 점령하려다 실패한 적이 있었다. 이유야 어찌 됐든 콘스탄티노플은 그 어떤 술탄도 점령에 성공한 적이 없는 곳이었다. 메메드 2세에 이르러, 콘스탄티노플을 향한 동경은 한없이 증폭돼 있는 상태였다. 그러나 그의 콘스탄티노플에 대한 이 같은 동경은 정작 메메드 2세가 술탄이 되는 데 커다란 장애 요인으로 작용했다.

메메드 2세가 열두 살 되던 해였다. 성품이 조용하고 온화해 늘 고요하고 평안한 삶을 꿈꿔오던 무라드 2세가 양위를 결심하고 갑자기 은퇴 선언을 해버린다. 제국의 운영은 이제 메메드 2세의 몫이 되었다. 물론 무라드 2세는 국정 운영이 미숙한 아들을 염려해, 오랫동안 자기와 함께해온 재상 할릴 파샤를 그의 후견인이자 자문 역으로 남겨두었다.

그런데 여기서부터 사단이 발생했다. 엉겁결에 나라를 물려받은 메메드 2세가 어디서 듣지도 보지도 못한 페르시아 출신의, 자칭 수도승이라는 자를 가까이 두고 지내면서 주변을 불안하게 만든 것이었다. 할릴 파샤는 메메드 2세에게 그를 멀리하라고 권면했다. 그러나 그동안 늘 외롭게 지내왔던 그가 오랜만에 마음을 터놓고 사귀게 된 떠돌이 수도승을 쉽게 포기할 리 없었다. 메메드 2세는 반발했고, 이를 만류하는 할릴 파샤와의 갈등이 최고조로 달했다.

사고는 여기서 그치지 않았다. 메메드 2세가 뜬금없이 콘스탄티노플 점령을 주장한 것이다. 이렇다 할 구체적인 방안도 없었고, 아무리 술탄이라지만 태도조차 오만불손했다. 콘스탄티노플을 공략하려면 사전에 철저한 준비가 필요하다는 신하들의 너무나 당연한 충고도 무시했다. 할릴 파샤를 포함해, 이 모습을 바라보는 궁정 내 귀족들의 불만은 이만저만이 아니었다. 심지어 군대까지도 그의 무리한 주장을 불편해 했다.

사태의 심각성을 알아차린 할릴 파샤는 서둘러 무라드 2세의 복귀를 추진했다. 술탄의 아버지만이 현 상황을 진정시킬 수 있다고 본 것이다. 사실 할릴 파샤의 이 같은 노력은 목숨을 건 행위나 마찬가지였다. 어쨌거나 현존하는 권력인 메메드 2세의 눈 밖에 나는 일이었기 때문이다. 하지만 상황이 워낙 급박한지라 할릴 파샤는 좌고우면 없이 무라드 2세에게 복귀를 간청했고, 1446년 양위한 지 2년 만에 무라드 2세는 다시 술탄의 자리로 돌아온다. 이후 술탄은 자신의 아들을 별궁이 있는 마니사로 내쫓아 은거시켰고, 더욱이 술탄이 최근에 맞아들인 후궁이 임신을 하는 바람에, 그녀가 아들이라도 낳는 날에는 무라드 2세의 판단에 따라 술탄 자리가 그쪽으로 넘어갈 수도 있는 상황이 되었다. 그렇게 된다면, 메메드 2세로서는 사실상 정치 생명이 끝난 것이나 마찬가지였다.

그러나 다행히 무라드 2세는 인내심을 갖고 메메드 2세를 계속 신임했다. 그러다가 메메드 2세가 열아홉 살이 되던 1451년, 뇌졸

중으로 갑자기 세상을 뜬다. 이제 상황은 정리됐다. 메메드 2세가 정식으로 술탄의 자리에 오르는 데 어떠한 걸림돌도 없었다. 선왕의 유일한 아들이었기 때문이다. 할아버지인 슐레이만 술탄의 손자뻘인 오르한 왕자가 후보로서 자격이 있기는 했지만, 정치 투쟁에서 밀려나 비잔틴 제국으로 망명한지 이미 오래였다. 더구나 메메드 2세의 나이도 이제 어엿한 열아홉이었다. 술탄으로는 젊을지언정, 그 누구에게도 구애받지 않고, 소신 대로 주장을 펼 수 있는 나이가 된 것이다.

어린 나이에, 그것도 파란만장한 어려움을 겪으며 재집권한 메메드 2세는 녹녹치 않은 인생 역정 탓인지 상황 판단이 빨랐다. 선왕의 흔적이 아직 곳곳에 남아 있는 궁정에서 권력을 완전히 장악하려면 시간이 더 필요하다는 사실을 직감했다. 술탄으로 등극했다고 여전히 선왕의 그림자가 서려 있는 궁정의 질서를 제멋대로 바꾸는 것은 위험한 일임을 알아챈 것이다. 그는 힘을 쌓고 독자적으로 움직일 수 있을 때까지 기다리기로 했다. 현명한 판단이었다.

그리하여 선왕이 만들어놓은 안정된 시스템은 당분간 그대로 유지되었다. 메메드 2세는 긴장한 모습으로 신임 술탄의 하명을 기다리는 신하와 외국 사절들에게 선언했다. 지금까지 외국과 맺은 모든 조약을 준수할 것이며, 또한 선왕 때부터 궁정에서 봉사하던 모든 신하들을 현직에 그대로 두겠다는 사실을 확실히 한 것이다. 젊은 술탄의 등장으로 긴장하고 있던 중신들과 이웃 국가들은 크게 안도했다. 특히 오스만투르크와 전쟁을 치르면서 외교 관계를 맺은 서구 기독교 국가들도 이러한 메메드 2세의 선언에 만족감을 표현했다. 기독교 국가의 입장에서 신임 술탄에 대한 불확실성이 줄어들었기 때문이다.

콘스탄티노플의 과거와 현실

이쯤에서 고도(古都) 콘스탄티노플의 거리적 위치와 상황을 분석해보자. 이 도시는 지리적으로는 유럽에 속해 있지만, 바다를 사이에 두고 아시아와 마주 보고 있다. 그래서 콘스탄티노플은 예로부터 동양과 서양이 만나는 문화적 용광로의 역할을 해왔다.

콘스탄티노플에서 유럽을 등지고 서서 바다 건너 아시아 쪽인 아나톨리아 지역을 바라다보면, 도시의 전면을 두 개의 바다—보스포루스 해협과 마르마라 해—가 감싸고 있고, 나머지 왼쪽은 골든혼에 면해 있음을 알 수 있다. 이렇게 삼면이 바다에 닿아 있기 때문에, 콘스탄티노플은 해양 접근성이 탁월하다. 물론 육지에서도 유럽 대륙을 통해 접근할 수 있고, 아울러 아시아 쪽에서도 바다만 건너면 유럽으로 진출할 수 있는 길목에 위치하고 있다. 이래저래 콘스탄티노플은 지정학적으로 유럽과 아시아를 잇는 교량 역할을 하는 위치에 놓여 있다.

골든 혼

마르마라 해

보스포루스

콘스탄티노플 그래픽 재현도

비잔틴 제국이 번창할 때에는 이곳 육지와 바다가 모두 제국의 관할 하에 있었기 때문에, 콘스탄티노플은 그야말로 사통팔달의 도시였다. 육로와 해로를 따라 동서양이 만나는 무역의 중심지가 되었고, 유럽과 아시아의 각양각색의 산물이 넘쳤다. 경제 활동이 활발해짐에 따라, 사람과 돈이 모여들고, 이 도시만의 남다른 문화적 풍모도 더욱더 두드러져갔다. 이 고도의 융성함은 서구 어느 도시와 비견해도 손색이 없었다.

당시 서구 기독교 국가들의 중심지는 교황청이 있는 로마였다. 그곳에서 콘스탄티노플까지 연결된 긴 해상로는 서구를 동방 세계와 이어주는 중요한 연결 통로 역할을 했다. 이 교역로를 두고 오래전부터 이탈리아의 두 도시국가—제노바와 베네치아—는 치열하게 경쟁하였다. 산물이 풍요로운 도시인 콘스탄티노플까지 안정적인 무역 항로를 확보하는 것은 두 도시국가 입장에서 매우 중요한 일이었다. 때문에 비잔틴 제국의 황제와 끈끈한 유대 관계를 유지하는 것 또한 중요했다.

콘스탄티노플을 동방 진출의 전진 기지로 삼는다는 측면에서는 제노바가 한발 앞섰다. 제노바는 골든 혼 건너편에 페라라는 성곽 도시를 만들고 자치구로 만들었다. 그곳에 거주하면서 콘스탄티노플과 자유롭게 상거래를 할 수 있게 되었다. 제노바와 앙숙인 베네치아는 사사건건 제노바와 대립하였다. 그러나 두 도시국가는 콘스탄티노플이 함락될 때 나름대로 최선을 다해 공동 전선을 폈다. 이처럼 콘스탄티노플은 서구 기독교 국가의 입장에서 볼 때 역사적으로나 경제적으로 중요한 도시였다.

오스만투르크 입장에서도 마찬가지였다. 콘스탄티노플은 오스만투르크가 유럽과 아시아를 연결하는, 완전한 의미의 제국이 되기 위해 반드시 손에 넣어야 할 도시였다. 이곳을 뺀 나머지 땅을 가지고 있는 것만으로는 진정한 제국이 될 수 없음을 오스만투르크는 잘 알고 있었다. 이제 이곳을 빼앗기 위한 결전의 시간이 서서히 다가오고 있었다.

메메드 2세 당시 비잔틴 제국의 영토는 이미 쪼그라들 대로 쪼그라든 상태였다. 메메드 2세가 술탄으로 등극하던 1451년쯤엔 제국에 남은 땅이라곤 수도인 콘스탄티노플과 황실 가문의 뿌리가 있는 그리스의 펠로폰네소스 반도의 옛 스파르타 땅인 모레아 공국 지역, 그리고 흑해 연안의 트레비존드 왕국 지역 정도가 고작이었다. 사실 이곳들도 조각조각 흩어져 있는 까닭에 영토라 이름 붙이기 어려울 정도였으며, 전체적으로는 오스만투르크에 둘러싸여 있었다. 이렇게 오스만투르크의 세력이 크게 확장되자 비잔틴 제국이 갖는 위기의식은 최고조에 달했다.

이토록 딱한 처지에 놓인 비잔틴 제국의 마지막 보위를 물려받은 인물이 콘스탄티누스 11세였다. 그에게 현실은 참으로 냉혹했다. 제국의 영토는 사실상 오스만투르크에 의해 점령된 상태였고, 육지로는 섬처럼 존재하는 제국의 영토를 마음대로 오고가기조차 어려웠다. 바닷길로나마 조각난 제국의 영토가 겨우 연결될 수 있던 것을 그나마 다행이라고 여겨야만 할 수준이었다. 말하자면 망할 대로 망해버린 명문가의 아들 신세였던 콘스탄티누스 11세는 초혼에 실패한 이후 나이 마흔이 넘도록 이렇다 할 배필도 찾지 못하고 있었다. 몰락한 제국의 현실을 잘 보여주는 또 하나의 슬픈 현실이었다.

위기에 강한 리더 고구려 영양왕

반면 영토가 거대 제국과 맞닿아 있으면서도 당당히 맞서 싸워 이

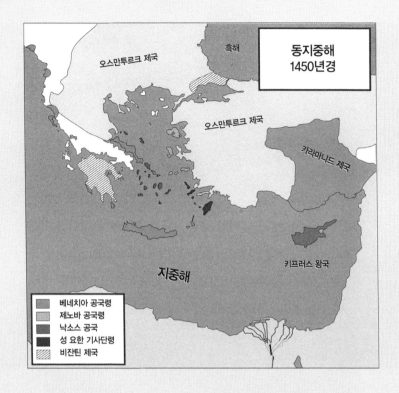

콘스탄티노플 함락 무렵 동지중해 지역의 정치적 판도

1450년경, 비잔틴 제국의 영토(빗금 친 부분에 해당)는 조각조각 나뉘어 매우 축소되어 있음을 알 수 있다.

비잔틴 제국의 마지막 황제 콘스탄티누스 11세의 초상

긴 왕이 우리나라에 있다. 바로 고구려의 영양왕(재위 590~618)이다. 약 30년의 재위 기간이 수나라와의 전쟁으로 점철될 정도로 그의 인생은 파란만장했다.

수나라는 589년 중국 대륙을 평정하고 통일 국가를 이룬 뒤, 영양왕이 지배하는 고구려를 세 차례나 침략했다. 동원된 병력의 규모도 어마어마해 양자 모두에게 거의 국운을 건 싸움이었다고 해도 과언이 아니었다. 수나라는 고구려와의 전쟁에서 패한 이후 멸망하였고, 고구려 역시 후유증으로 정국이 불안해지면서 연개소문에 의한 쿠데타가 일어났다.

수나라와 고구려 간에 첫 번째 전쟁이 치러진 해가 598년이다. 이때만 하더라도 양국 간에 매년 치열한 전투가 있을 것이라고 생각한 사람은 아무도 없었다. 더욱이 대국인 수나라가 고구려에게 연전연패할 것이라고는 그 누구도 예상하지 못했다. 그러나 1차 전쟁 후, 수나라 병사 가운데 열의 여덟아홉이 죽고 나서야 수나라는 고구려와의 전쟁이 얼마나 위험천만한 일인가를 뼈저리게 받아들였다. 고구려가 지배하는 요동 땅으로 출정 나가는 것은 곧 죽음으로 인식될 정도였다. 그만큼 고구려의 전쟁 수행 능력은 뛰어났다.

그것이 중국인들의 뇌리에 얼마나 인상 깊게 남아 있었는지, 그로부터 천년이 지난 임진왜란 당시 조선의 원군 요청을 받은 명나라 조정의 반응이 이러했다. "수나라마저 물리친 조선인데 어찌하여 왜나라 정도를 당해내지 못하는 거요?" 중국의 식자층은 많은 세월

이 지났음에도 불구하고, 여전히 고구려와 싸우다 멸망한 수나라의 역사적 사실을 잊지 않고 있었던 것이다. 만주 일대와 요동 땅을 호령하던 고구려의 명성은 거저 얻어진 것이 아니다. 중국의 통일 왕조와 북방 유목 민족과 늘 치열한 전쟁을 늘 치르면서도 승리를 쟁취했기에 얻어진 것이다.

그 한가운데에 영양왕이 있었다. 그는 걸출한 리더였다. 위기에 강한 리더십의 소유자였다. 의사 결정에 관한 수많은 이론들이 있지만, 결국 결정을 내리는 당사자의 기질과 성격에 따라 그 과정과 결과는 달라진다. 이것이 현실이다. 리더의 상황 판단력과 고집, 그리고 심리적 동요까지도 그의 기질에 영향을 받기 때문이다.

영양왕의 성격은 쾌활하고 따뜻했다고 전해진다. 훗날 그에게 내려진 시호(영양嬰陽: 어린아이 영, 태양 또는 따뜻할 양)에서 유추되듯이, 어린아이처럼 밝고 타인과의 관계가 원활했음을 알 수 있다. 그의 판단은 빨랐고, 또한 과감했다. 그러나 무모하지 않았으며, 치밀한 계산 하에 수나라를 상대했다. 그의 입체적인 면모를 알 수 있는 역사적 전거들을 몇 가지 살펴보자.

첫 번째 전쟁이 발발하기 직전, 수나라 문제는 영양왕에게 직접 찾아와 신하의 예를 갖추라는 모욕적인 국서를 보낸다.[28] 고구려를 상대로 전쟁을 일으킬 명분을 찾기 위함이었다. 하지만 영양왕은 이에 위축되기는커녕 오히려 1만 명의 말갈족 기마병을 직접 지휘해 수나라를 기습 공격하는 것으로 답했다. 모욕적인 국서가 배달된 지 불과 1년도 지나지 않은 때였다. 자신감에 가득 찬, 사실 상의 선전 포고이자 도전이었다.

이는 영양왕이 곧 치러질 수나라와의 일전에 맞서 사전에 충분한 정찰과 군사적 대비를 해뒀음을 의미한다. 그렇지 않고서는 시도조차 어려운 대담한 의사 결정이었다. 그는 수나라에 대한 선제 공격에 앞서 배후 관리를 위해 백제와 신라를 사전에 견제해두었으며, 개전 후에도 외교적으로나 군사적으로 우군을 만들기 위한 노력을 게을리 하지 않았다. 전통적으로 군사적·정치적 우방이었던 말갈족을 챙긴 것은 물론이고, 만주 북쪽에서 신흥 세력으로 부상하고 있는 거란과 돌궐과의 관계도 주도면밀하게 관리했다. 무엇보다 군사적 우위를 점하기 위해 당시 강력한 장거리 살상 무기였던 쇠뇌, 즉 노(弩)를 제작할 수 있는 중국 기술자들을 대거 고구려로 포섭했다.[29]

이렇게 영양왕은 항상 위기를 대비하는, 위기에 강한 리더였다. 그는 늘 침착했다고 한다. 신중하되 한번 결정을 내리면 과감하고 신속하게 실행에 옮겨서 신하와 백성들로부터 신망과 우러름을 한 몸에 받았다. 요컨대 위기에 강한 리더가 갖춰야 할 소양을 모두 갖춘 리더였던 셈이다.

경영학에는 이른바 자원 기반 관점(RBV, Resource-Based View)이라는 이론이 있다. 기업의 경쟁력은 해당 기업이 가지고 있는 자원의 양과 질로 결정된다는 논리이다. 누가 들어도 금방 이해가 될 정도로 직관적이고 분명해서 기업의 경쟁력을 논의할 때 종종 인용되곤 한다. 그러나 이 관점의 가장 큰 약점은 기업 자원이 아무리 많고 좋아도 그것이 꼭 기업 경쟁력으로 연결되지 않는다는 데 있다. 가지고 있는 자원이 탁월해도 시장 경쟁에서 실천을 위한 의사 결정이 잘못되면 자원에 힘입은 경쟁력은 금세 사라지고 마는 것이 경영의 현실이다.

자원 기반 관점으로만 보면 한때 세계 필름 시장의 80퍼센트를 점유했고, 인류 최초의 달 착륙 사진을 담은 에타크롬 필름을 생산하던 코닥은 월등한 경쟁력을 유지해야 했다. 하지만 코닥은 디지털로 이동해가는 카메라 시장의 변화를 외면하고 잘못된 의사 결정을 내림으로써 시장에서 도태되었다. 요컨대 기업 경영의 역사에서 전무후무한 이유로 망한 기업은 없다. 위기 상황에서 잘못된 의사 결정으로 사라진 기업만 있을 뿐이다.

사실 코닥은 디지털 카메라를 직접 만들기도 했다. 그런데도 설마 하는 심정으로 기존 필름 시장에서 벗어날 생각을 하지 않았다. 그러면서 디지털 혁명에 적응할 골든타임을 놓쳤다. 곧이어 디지털 쓰나미가 시장에 몰아닥치자 아날로그 필름 기반의 사업 기반은 순식간에 사라졌다. 코닥 수익의 70퍼센트가 아날로그 필름에서 들어왔기 때문에, 이 사업이 위기에 직면하자 코닥은 순식간에 경쟁력을 잃어버린 것이다.

경쟁력의 기반이 사라지는 모습을 뻔히 지켜보면서도 이렇다 할 결정적인 대응책을 강구하지 않는 건 이미 위기 앞에 패배를 시인한 것이나 다름없다. 코닥이 그랬고, 비잔틴 제국이 그랬다. 그러나 수나라와의 전쟁 당시 고구려는 이런 차원에서 매우 예외적인 사례를 남겼다. 위기에 강한 리더십을 보여준 영양왕이 있었기에 가능한 일이었다.

씨넥을 극복한 카이사르

—

과거 로마 제국에도 걸출한 위기 경영의 리더가 있었다. 율리우스 카이사르다. 탁월한 군인이자 정치가, 문학자였으며, 공화정을 끝내고 황제정의 시대를 연 인물이다. 그의 인물됨에 대해서는 한마디로 '뛰어난 사람이다'라는 표현 외에 다른 수식어를 찾기 곤란할 정도다. 전쟁을 치르는 군인으로서 그는 마음먹고 치른 전쟁에서는 예외 없이 모두 승리했다. 삼두정치로 대변되는 그의 정치적 감각 역시 뛰어났다. 민중의 애환을 대변하고, 동시에 귀족들의 기득권까지 고려하는 균형 잡힌 자세를 보여주었기 때문이다.

그가 세계사에 이름을 확실히 남기게 된 데에는 7년간의 갈리아 전쟁이 결정적이었다. 갈리아는 오늘날의 프랑스 지역을 일컫는다. 탁월한 문장가이기도 했던 그는 기원전 58년부터 51년까지 7년에 걸친 갈리아 정복의 과정을 『갈리아 전기』에 남겼다. 이 책은 단순한 사실(史實)을 넘어, 갈리아 지역의 자연과 문화, 그리고 당시 정치적 판도까지 명료한 문체로 세세하게 담고 있어, 지금도 당대를 연구하는 데 큰 도움이 되는 사료이다.

이러한 카이사르가 갈리아 전쟁의 모든 성패를 걸고 싸운 전투가 있다. 바로 알레시아 공방전이다. 여기서 그는 이른바 '씨넥'을 체험한다. 씨넥이란 '위기에서 초래된 부정 감정의 전이 현상(CINEC, Crisis initiated negative emotion contagion)'의 머리글자로, 리더가 위기 상황에서 침착하고 냉정하게 대처하지 못할 때, 이로 말미암아 하급자들에게 두려움이 퍼지는 현상이다. 특히 위기 시에 씨넥은 조직 전체를 더욱더 위기에 빠트린다.

기원전 52년 9월, 로마의 카이사르와 갈리아의 젊은 지도자 베르킨게토릭스는 갈리아 부족의 성지라 할 수 있는 알레시아—프랑스 중부의 디종과 오를레앙을 잇는 선상에서 디종 쪽에 가까운 구릉지대—에서 각자의 명운을 걸고 한판 대결을 벌인다. 그간 7년간의 갈리아 전쟁이 이 대결로 종결되는 양상이었다.

알레시아 공방전이 카이사르에게 중요했던 이유는 직전에 치른 게르고비아 전투에서 전략상의 불리함을 이유로 아무런 소득 없이 회군했기 때문이다. 일명 '상승(常勝) 장군'이던 카이사르에게 회군은 사실상의 패전이었다. 게르고비아 전투에서 이렇게 물러선 그가 알레시아 공방전에서도 승리를 못한다면, 지금껏 카이사르가 거둔 갈리아 전쟁에서의 모든 승리가 물거품이 될 수도 있는 상황이었다. 더구나 게르고비아 전투의 승리로 잔뜩 기세가 오른 갈리아 부족의 부흥 운동이 더욱 탄력을 받을 수도 있었다. 7년간 갈리아에서 쌓아온 카이사르의 모든 공적과 명예가 이 알레시아 공방전 하나에 달린 셈이었다. 이 같은 상황을 그의 부하들이 모를 리 없었다. 때마침 전투 식량마저 소진되고, 갈리아 부족과의 대결에서도 이렇다 할 돌파구가 보이지 않는 상황에서 카이사르의 일거수일투족은 부하들에게 그대로 전달되고 있었다. 씨넥이 시작되는 순간이었다.

알레시아 공방전에 임하는 베르킨게토릭스도 결연하기는 마찬가지였다. 뭉치지 못하기로 유명한 갈리아 부족을 규율과 원칙으로 통제한 그였다. 그러나 이 전투에서 카이사르를 상대로 확실히 승리를 거두지 못한다면 지도자로서의 권위를 계속 유지할 수 없었다. 당시 48세의 카이사르는 산전수전 모두 겪은 원숙한 장군이었으나, 그를 상대하는 베르킨게토릭스는 서른 살에 불과한 젊은 지도자였다.

공방전 당시 카이사르가 이끈 로마군의 규모는 약 5만 명이었다. 총궐기에 나선 갈리아 부족의 영토 한복판에서 치러진 전투이기에 카이사르 입장에서는 직접 이끌고 온 병력 외에 어디서도 증원군을 받을 형편이 아니었다. 반면 베르킨게토릭스는 갈리아 땅에서 로마를 몰아내고 독립을 이뤄내자는 대의명분을 앞세워 모든 갈리아 군대를 알레시아로 총출동시킬 수 있었다. 이렇게 불러 모은 병력이 26만 명이나 됐다. 여기에 그가 직접 알레시아 산성 안

카이사르에게 투항하는 베르킨게토릭스

리오넬 로예르(Lionel Royer) 作(1899), 프랑스 크로자티에르 미술관 소장. 『갈리아 전기』에 따르면, 베르킨게토릭스는 다음과 같이 말하면서 투항했다고 한다. "…이 전쟁은 나의 필요가 아니라 모두의 자유를 위한 것이었다. 운명은 양보하지 않으면 안 되므로 내가 죽어 로마군에 보상하든지, 산 채로 로마군에 인도되든지 어찌 되었든 이 한 몸을 모두에게 바치겠다…" 이후 갈리아는 모든 부족이 로마의 패권 아래에 복속했고, 그로부터 약 400년간 단 한 번도 로마에 반기를 들지 않았다. 이후 카이사르는 갈리아를 정복한 영웅으로 로마 민중의 우상으로 떠올랐고, 로마에서 자신의 정치적 입지를 강화하는 데 성공했다.

으로 데리고 온 병력의 규모가 8만 명이었으므로, 도합 34만 명의 군대를 규합할 수 있었다. 군사의 규모로만 본다면 카이사르 군대를 압도하는 전력이었다.

당시 카이사르 입장에서 불리한 점이 또 하나 있었다. 앞으로 어느 규모의 적군 병력이 언제 어떻게 몰려올지 짐작할 수 없다는 사실이었다. 그가 알고 있는 유일한 정보는 알레시아 산성 안에 틀어박힌 채 로마군을 상대하고 있는 베르킨게토릭스 군대가 대략 8만 명 정도라는 사실뿐이었다. 이 같은 불확실성에 직면한 카이사르는 앞으로 벌어질 전투에서 일어날 수 있는 위험 요인을 최대한 없애기로 했다. 이렇게 해서 결정된 것이 이중 포위망 건설이었다. 『갈리아 전기』에는 그가 얼마나 정교하게 이중 포위망을 설계하고 구축했는지 자세하게 묘사되어 있다.[30]

우선 알레시아 구릉지대에 포진하고 있는 베르킨게토릭스 군대가 쉽게 내려오지 못하도록 총길이 17킬로미터의 내벽 포위망을 구축했다. 그리고 약 120미터의 중간지대를 두고 외벽 포위망을 쌓았다. 이 포위망은 총길이가 약 21킬로미터로서, 밖에서 쳐들어오는 적군을 방어할 목적으로 건설되었다.

포위망이 무조건 수세적이어서는 곤란하다. 방어와 공격이 동시에 가능해야 했다. 카이사르의 포위망 설계가 뛰어난 부분이 바로 여기에 있다. 이러한 목적 달성을 위해 카이사르는 포위망 외곽에 참호를 파고 해자를 만든 다음, 물을 끌어들여 1차 저지선을 만들었다. 그 다음 다시 흙으로 둔덕을 쌓고, 그 앞 곳곳에 함정을 팠다. 함정 안에는 뾰족한 갈고리와 꼬챙이를 촘촘하게 박아둠으로써, 사람이건 말이건 한번 빠지면 사실상 전투 능력을 상실하도록 설계했다. 이것이 2차 저지선이다. 마지막으로 둔덕 위에 나무로 만든 방책을 세워 단단히 수비벽을 만들고, 방벽 위에는 일정한 간격으로 감시용 망루를 세웠다. 이것이 3차 저지선이다. 이같이 고도로 치밀한 포위망을 구축함으로써 카이사르는 당면한 불확실성을 어느 정도 없애는 데 성공했다. 이처럼 카이사르의 뛰어난 위기 대응 능력은 추후 벌어진 알레시아 공방전에서 로마군을 위기에서 구해냈다.

구체적 계획의 승리

—

당시 로마군은 허기에 시달렸다. 오를레앙에서 시작된 갈리아 부족의 반란이 일단 수습은 됐지만, 베르킨게토릭스의 발 빠른 대응으로 갈리아 땅에서 식량을 제대로 구할 수가 없었기 때문이다. 로마군은 기본적으로 육식보다는 밀을 주식으로 했다. 병사들의 식량도 문제였지만, 기마 부대의 핵심 자원인 말이 먹을 식량 또한 똑같이 조달해야 했다. 하지만 당시 갈리아 부족 전체가 베르킨게토릭스의 뛰어난 지도력 하에 일사불란하게 단결하던 때라 그 어디에서도 식량을 넉넉하게 구할 수가 없었다. 이래저래 배고픈 군

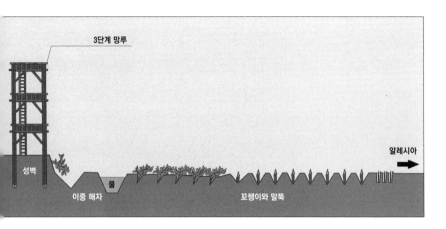

카이사르의 방어 시설(설계도)

인은 앞뒤 생각지 않고 자신을 이끄는 장군을 탓하기 마련이다. 카이사르에게 굶주리고 짜증이 잔뜩 난 부하들을 상대하는 것은 보통일이 아니었다.

더구나 곧 벌어질 갈리아 군대와의 한판 전투도 준비해야 했다. 우선 알레시아 구릉지대의 산성 안으로 대피한 베르킨게토릭스 휘하의 8만 대군을 묶는 포위망 건설이 급선무였다. 카이사르가 판단건대, 베르킨게토릭스가 알레시아 산성 안에 틀어박힌 채 로마군을 상대하려 한다는 것은 갈리아 부족 전체에 총동원령을 내린다는 것을 의미했다.

상대방의 의도를 예측해 그에 맞게 작전을 펼치는 것이 위기 리더십의 기본이다. 위기 시 조직은 빠르게 요동치기 마련이다. 모

카이사르의 방어 시설(재현)

든 것이 불확실하기 때문이다. 카이사르는 베르킨게토릭스의 의도를 제대로 간파했다. 그가 초래할 위기를 정확히 예측해낸 것이다. 카이사르가 탁월한 위기 경영자로서 손색이 없는 이유이다.

카이사르는 본격적으로 전투가 시작되면 알레시아 산성 안의 갈리아 군대뿐만 아니라 밖에서도 갈리아 대군이 밀어닥치리라 예상했다. 이 판단은 정확했다. 문제는 어떻게 배고파 힘들어하고 불평이 가득한 부하들을 독려해 탄탄한 방어막을 구축하는가였다.

위기 시에는 솔직한 것이 최고의 무기이다. 위기 대응을 위한 구체적인 계획을 소상하게 알려주는 것 또한 부하들의 신뢰를 확보

카이사르의 방어 시설(재현)

하는 길이다. 카이사르는 부하들에게 자신이 생각하는 작전을 상세하게 알려줬다. 바로 이중 포위망의 건설이었다. 『갈리아 전기』에서 그가 설명해놓은 이중 포위망 설계 내용은 치밀하다 못해 경이롭기까지 하다.

우선 방어선 제일 외곽에 6미터 너비의 유(U)자 형 해자를 파서 적들이 한번 빠지면 빠져 나오기 어렵게 만들었다. 이어 꼬챙이와 뾰족한 말뚝들을 촘촘하게 박아 만든 일종의 지뢰 지대를 두고 다시 한 번 더 방어막을 쳤다. 그러고 나서 90센티미터 깊이의 브이(V)자형 골을 다섯 개씩 파서 다시 여기에 말뚝과 꼬챙이들을 꼽아 놓고, 나뭇가지로 덮어 함정을 만들었다. 이 함정들은 총 여덟 줄로 서로 어긋나게 그물망처럼 배치해 그 누구도 쉽게 빠져나가기 어렵게 만들었다. 용케 이 함정을 피해 적군이 아군의 수비벽에 도달하더라도 꼬챙이와 말뚝이 박혀 있는 1.5미터 깊이의 고랑을 또 다시 넘도록 했다.

여기서 끝이 아니었다. 1.5미터 깊이의 고랑마저 통과한 적군을 또다시 곤경에 빠뜨리기 위해 4.5미터 넓이의 참호를 두 열로 파서 바깥쪽 참호에는 물을 채워 해자로 만들었다. 적군은 이를 모두 통과하고 나서야 비로소 로마군의 수비 방책이 세워진 둔덕에 이를 수 있었다. 이 둔덕에도 여기저기 꼬챙이와 말뚝을 꽂아두었다. 또한 방책을 따라서 24미터 간격으로 망루를 세워 적의 동태를 파악할 수 있도록 했다. 이런 철두철미한 이중 포위망의 구축은 위기 경영 능력과 걸출한 위기 리더십을 지닌 지휘관의 명령과 독려 없이는 불가능한 대공사였다. 카이사르는 부하들 사이에 퍼져 있는 씨넥이 얼마나 위험한지 잘 알고 있었고, 이를 극복하기 위해 리더는 매사에 구체적이어야 한다는 점 또한 놓치지 않았다.

이처럼 카이사르는 앞으로 다가올 위기 상황을 직감하고, 이중 포위망을 직접 설계했다. 그리고 구축 현장을 몸소 진두지휘함으로써 휘하 병사들이 씨넥에 휘말릴 수도 있는 원인을 원천적으로 제거했다. 다가오는 위기에 대비할 줄 아는 최고의 리더가 바로 자신임을 부하들에게 생생하게 보여준 것이다. 부하들은 카이사르가

지시한 대로 이중 포위망을 구축하면서 그의 치밀한 설계에 감탄했고, 그가 얼마나 잘 준비된 위기 리더십의 소유자인지를 실감했다. 카이사르의 이러한 구체적인 위기 극복의 지침이 로마군으로 하여금 자신감을 잃지 않게 만든 원동력이었다. 이렇게 하여 씨넉이 로마군을 잠식할 가능성은 사라졌다.

카이사르는 전투에 힘하는 부하들의 심리 상태에도 신경을 썼다. 일부러 높은 망루에 올라가 진홍빛 망토를 입고 진두지휘함으로써 전투 시 부하들이 자신의 모습을 쉽게 볼 수 있게 한 것이다. 순식간에 생사가 뒤바뀌는 전투 현장에서 병사는 자신과 똑같이 위험을 감수하며 온몸을 드러낸 지휘관을 확인할 때 안도감을 느끼며 사기가 오르기 마련이다. 카이사르는 이 점을 십분 이해하고 활용했다.

카이사르가 거둔 알레시아 공방전에서의 드라마틱한 승리는 그의 치밀한 위기 극복 전략의 승리였다. 카이사르는 이중 포위망이 얼마나 효과적으로 버티는가와 위기의 순간에 기동 타격대를 적재적소에 투입하는가가 이 전투의 핵심 승부처라고 봤다. 이러한 그의 판단은 정확했다. 전투가 시작되었을 때, 예상대로 이중 포위망은 적군의 진격을 효과적으로 저지했다. 또한 500명 단위로 묶어 장교들이 필요에 따라 운용하도록 한 기동 타격대 역시 큰 효과를 발휘했다.

무릇 전쟁이란 승패가 좌우되는 결정적 시점에 적의 의표를 찌르는 전략 운용에 따라 그 결과가 달라진다. 카이사르는 이것을 기병대라고 보았다. 기병대는 신속한 이동이 가능하고, 말을 타고 있기에 보병보다 높이에서도 유리하다. 갑자기 뒤에서 적의 기병대가 습격해 들어온다면, 앞에 있는 적을 상대하느라 경황이 없는 보병에겐 재앙이나 마찬가지다.

공방전이 절정에 다다른 셋째 날, 예상대로 갈리아군은 로마군이 세워놓은 이중 포위망의 약점을 집요하게 파고들면서 총공세를 폈다. 아무리 용감한 로마군도 막아내기 버거울 정도로 갈리아군은 잘 싸웠다. 다섯 배 이상 수적으로 우세인 갈리아군은 이번에야말로 로마군을 갈리아 땅에서 완전히 몰아낼 절호의 기회로 보고 모든 역량과 자원을 이 한판의 승부에 쏟아 부었다.

이 전면전의 와중에 카이사르는 기병대의 반을 수비 방책 안에서 빼내, 몰래 갈리아군 후미로 돌아가 기습 공격을 가하도록 했다. 앞만 보고 싸우는 갈리아군의 의표를 찌른 것이다. 눈앞의 로마군을 상대로 잘 싸우던 갈리아군은 갑자기 뒤에서 몰아닥친 로마 기병대로 인해 전열이 무너지면서 순식간에 오합지졸로 변해버렸다. 이후의 과정은 학살이라고 말해도 무방할 정도로 로마군의 일방적인 완승이었다.

이 한판의 결정적 승부에서 카이사르는 위기 극복에 성공했고, 원하는 모든 것을 얻었다. 이후 그는 로마의 최고 집정관이 됐으며, 공화정을 끝내고 황제 중심의 정치 체제로 로마를 변화시켰다. 반면 베르킨게토릭스는 이 전투에서 모든 것을 잃었다. 갈리아 부족 전체를 대신해 카이사르 앞에서 패배를 인정하며 무릎을 꿇어야 했다. 그리고 6년 뒤인 기원전 46년, 폼페이우스와의 내전으로 뒤늦게 치러진 카이사르를 위한 개선식에서 갈리아 전쟁에서 얻은 전리품으로 베르킨게토릭스는 로마 시민들에게 전시된 후 처형되었다. 독립을 열망하던 갈리아 부족의 꿈도 그와 함께 사라지고 말았다.

씨피트에 빠진 리더 콘스탄티누스 11세

경영 전략에 '씨피트(CFIT, Controlled Flight Into Terrain)'[31]라는 용어가 있다. 조종사가 정상적으로 통제하면서 비행하던 비행기가 갑자기 지상으로 곤두박질치는 현상을 일컫는 말이다. 여기서 조종사를 경영자로, 비행기를 기업으로, 그리고 충돌을 파산으로 바꾸면, 그전 과정이 한 기업의 쇠락 과정에 잘 들어맞는다. 씨피트는 비잔틴 제국 같은 한 국가의 멸망 과정에도 잘 들어맞는다.

1451년 2월 18일, 메메드 2세가 오스만투르크의 젊은 술탄으로 등극한다. 그는 그해 여름 『코란』에 손을 얹고 비잔틴의 특사가 지켜보는 앞에서 비잔틴 제국의 영토를 침공하지 않겠노라고 약속한다. 이는 새로 등극한 술탄을 불안한 눈으로 바라보던 비잔틴의 황제 콘스탄티누스 11세를 안심시키기에 충분했다. 하지만 이것은 잘 짜인 각본에 의한 연출이었다. 보위에 오른 메메드 2세의 입장에서 제국 전체를 장악하고, 군사력을 재정비하는 데 일정한 시간이 필요했기 때문이었다. 비잔틴을 침범하지 않겠다고 선언한 것도 실제로는 시간 벌기용일 뿐이었다.

그런데 공교롭게도 그해 가을, 아나톨리아 지역에서 아직 오스만투르크 지배에 복종하지 않는 토호 세력이 발호하면서 갓 등극한 메메드 2세에게 도전장을 내밀었다. 술탄으로서의 능력을 시험하기 위함이었다. 이 같은 정치적 도전에 머뭇거리면 술탄으로서의 권위가 위협 받는다. 메메드 2세는 진압 작전을 위해 과감하게 아시아로 넘어갔다.

이때 콘스탄티누스 11세는 크나큰 정치적 악수(惡手)를 둔다. 메메드 2세에게 비잔틴 제국으로 망명한 오스만투르크 왕족의 생활비 지급을 요구한 것이다. 한술 더 떠 은연중에 술탄 자리를 노리는 오스만투르크 왕족이 비잔틴 제국의 궁정 내에 있음을 상기시켰다. 이때까지만 하더라도 콘스탄티누스 11세는 이같은 외교적 모험을 통해 막 술탄으로 등극한 이 어린 친구를 원하는 대로 쥐락펴락할 수 있다고 오판한 것이다.

정작 메메드 2세는 이 같은 도발에 이렇다 할 반응을 보이지 않았다. 아나톨리아 지역을 평정한 후, 보스포루스 해협을 건너 말없이 아드리아노플로 돌아갔다. 대신 해협의 유럽 쪽 지역에 있는 전략적 요충지들을 눈여겨봐두었다. 얼마 있다가 메메드 2세는 이곳에 루멜리 히사르 요새를 세움으로써, 콘스탄티누스 11세의 무례함에 대해 싸늘하게 응답했다.

사실 당시 보스포루스 해협의 아시아 쪽에는 메메드 2세의 할아버지인 술탄 바예지드가 이미 지어놓은 아나돌루 히사르 요새가 있었다. 누가 봐도 그 요새는 보스포루스 해협을 통제하고 콘스탄티노플을 점령하기 위한 목적으로 만들어진 요새였다. 여기에 유럽쪽 땅에 루멜리 히사르 요새가 추가 건설됨으로써 오스만투르크가 콘스탄티노플을 군사적으로 점령하겠다는 의도를 보다 노골적으로 드러내는 형국이 되었다. 물론 비잔틴의 항의가 있었지만 무시되었다. 테오도시우스 삼중 성벽 외에 콘스탄티노플을 지켜낼 이렇다 할 방어력이 없는 비잔틴 제국은 그 도발을 그저 무기력하게 쳐다볼 수 밖에 없었다.

지금은 루멜리 히사르 요새 근처에 거대한 현수교인 보스포루스 대교가 놓여 아시아와 유럽을 잇고 있다. 이 다리는 정복자 메메드 2세를 기념해 파티(Fahti) 대교라고도 불린다. 파티란 정복자를 의미하는 메메드 2세의 공식 명칭이다. 이렇게 메메드 2세는 정복자로서 역사에 이름을 남겼다. 그는 비잔틴 제국의 수도인 콘스탄티노플 점령을 필생의 과업으로 삼았고, 희망대로 콘스탄티노플을 점령했다.

반면 그의 상대인 콘스탄티누스 11세는 재위 기간 내내 오스만투르크에 의해 제국 내 거의 모든 영토가 점령당하는 모습을 무기

보스포루스 해협 쪽에서 바라다 본 루멜리 히사르 요새

콘스탄티누스 11세의 최후

비잔틴의 마지막 황제인 그는 "성은 함락되었지만 나는 여전히 살아있구나!"라는 유언을 남기며 적진으로 돌진하였다고 전해진다. 그 후의 종적은 알려진 바가 없다. 마지막으로 돌격하면서 자신의 몸에 달고 있던 황제로서의 상징물을 죄다 떼어냈기 때문에, 황제의 시체는 찾을 수 없었다. 그러나 투르크인들은 황제가 신었다는 보라색 부츠를 근거로 '황제의 시신'을 찾아 훼손했지만, 그것이 황제의 주검인지는 정확히 알려지지 않았다.

력하게 바라봐야만 했다. 취할 수 있는 전략이라곤 그저 서구 기독교 국가로부터 자비에 가까운 원조를 기대하는 것뿐이었다. 이미 기울어질 대로 기울어진 국운을 그만의 힘으로 일으켜 세우기란 불가능했다. 그래서 그에게 비잔틴 제국 패망의 모든 책임을 물을 수는 없다. 제국의 패망은 수백 년간 지속되어온 선대 황제들의 잘못된 의사 결정이 누적된 결과였기 때문이다.

그럼에도 불구하고 콘스탄티누스 11세가 위기 경영에 실패한 리더라는 사실엔 변함이 없다. 그나마 다행인 것은 10만 명의 적군과 승산 없는 전투를 치르던 두 달여 기간 동안 그가 최전방에서 군대를 지휘했다는 사실이다. 전투가 벌어진 기간 내내 그는 결코 나약한 모습으로 후방에 숨지 않았다. 그리고 콘스탄티노플이 함락되던 운명의 1453년 5월 29일, 혼자서 말을 타고 오스만투르크 군의 대오 속으로 뛰어들어가 제국의 마지막 황제로 죽음을 맞이했다. 천년 역사를 자랑하던 비잔틴 제국도 그와 함께 장렬하게 역사 속으로 사라졌다. 위대한 로마 제국의 후예인 비잔틴의 마지막 황제로서, 그의 장렬한 최후는 훗날 많은 사람들의 가슴을 울렸다. 이렇게 그는 비록 국가의 위기 경영에는 실패했지만, 그나마 역사의 한 페이지를 장식하는 인물로 남을 수 있었다.

요컨대 비잔틴 제국의 멸망 과정은 씨피트가 국가적 차원에서 점증적으로 적용된 것으로 볼 수 있다. 만지케르트 전투 이후 비잔틴 제국은 여러 번 만회의 기회가 있었음에도 불구하고, 제국은 군사력 증강보다는 로마 교황청과의 종교적 교리 싸움에 더 치중했다. 끝내 씨피트는 비잔틴 제국 전체를 삼켜버렸고, 제국은 다가오는 위기에 제대로 대응하지 못하고 패망하였다.

5장

위기는 예측되고 통제돼야 한다

위기는 예측되어야 한다. 효과적인 대처를 하기 위함이다. 현명한 리더라면 사전에 위기를 예측하는 데 모든 노력을 기울일 것이다. 위기를 예측하는 게 쉬운 일은 아니지만, 위기에 강한 경영자라면 모든 정보를 동원해 다가올지 모를 위기를 예측하고 대비해야 한다.

두 요새가 주는 경고

불행하게도 비잔틴 제국은 위기 예측에 실패했다. 사실 제국의 위기는 1071년 만지케르트 전투에서 셸주크투르크에게 패배하면서 이미 시작되었다. 그리고 만지케르트에서 패배한 이후에도 제국의 리더들은 이렇다 할 위기 극복 대책을 내놓지 못했다. 백성들에게 인기가 없다고 하더라도 가용 자원을 총동원해 위기 극복을 위한 강력한 군사력을 만들어야 했다. 적극적으로 신무기를 개발하고 해군력을 강화하는 노력을 기울었어야 했다.

당시 비잔틴 제국에는 오스만투르크에겐 없는 비장의 무기가 있었다. 그리스의 불 또는 그리스의 화약이라 불리던 화기였다. 요즘으로 치면 화염 방사기와 같은 역할을 하는, 당시로서는 막강한 무기였다. 이 불은 물로도 잘 꺼지지 않았고, 수면에서도 계속 타오르는 특성 때문에 비잔틴 해군이 해전에서 자주 사용했다. 비잔틴이 수없이 외침에 시달리면서도 그나마 버틸 수 있었던 이유 중 하나는 바로 이 그리스의 불 때문이었다. 요컨대 비잔틴도 오스만투르크 군대를 효과적으로 타격할 만한 무기 체계와 나름의 전략을 세울 저력이 있었다는 얘기다. 하지만 정작 비잔틴 제국에는 다가오는 위기를 예측할 능력을 갖춘, 위기에 강한 리더가 없었다.

어쩌면 비잔틴 제국은 위기를 예측할 필요조차 없었을지 모른다. 언제나 위기가 코앞에 들이닥쳐 있었기 때문이다. 그럼에도 불구하고 비잔틴 제국의 위기 대응 전략은 너무도 미흡했다.

1452년, 메메드 2세는 보스포루스 해협의 유럽 쪽 전략적 요충지에 루멜리 히사르 요새를 짓는다. 이 요새가 세워진 곳은 공교롭게도 제국의 수도인 콘스탄티노플 성곽에서 그리 멀리 떨어져 있지 않은 곳이다. 이곳은 위치상 보스포루스 해협을 전략적으로 제

그리스의 불을 사용하는 비잔틴 해군

그리스의 불은 그리스 화약이라고도 불리는, 비잔틴 제국 군대에서 사용하던 화기를 말한다. 이 불은 물로도 잘 꺼지지 않았고, 수면에서도 계속 타오르는 특성 때문에 해전에서 주로 사용됐다. 비잔틴 제국이 수시로 외침을 당하면서도 천년간 꿋꿋하게 버틸 수 있는 까닭은 이 병기에 힘입은 바가 크다.

어하고, 콘스탄티노플을 공략하는 데 더할 나위 없이 유용한 장소였다. 비잔틴 제국의 입장에서는 제국의 수도 코앞에 적군의 요새가 들어서는 셈이었다. 사실 이보다 먼저 1398년에 바예지드 1세 술탄은 보스포루스 해협의 아시아 쪽 해안가에 아나돌루 히사르 요새를 구축한 바 있다. 이 요새 역시 보스포루스 해협을 통제하는 최적의 장소에 위치해 있었다. 그로부터 54년이 흐른 뒤에 보스포루스 해협을 사이에 두고 다시 이 요새 맞은편에 또 하나의 요새가 들어서는 셈이었다.

이렇게 전략적인 두 요충지에 오스만투르크의 요새가 들어서는 동안 비잔틴 제국은 이렇다 할 대응 전략을 세우지 않았다. 제국의 숨통을 조여 오는 상황인데도 안이하게 대처한 것이다. 무엇보다 제국은 아나돌루 히사르 요새에 대응할 만한 군사적 장치를 진즉에 마련했어야 했다. 예컨대 메메드 2세가 루멜리 히사르 요새를 세우기 전에, 바로 그 입지에 먼저 비잔틴의 요새를 지어야 했었다. 그래야만 아나돌루 히사르 요새의 위협에 맞대응할 수 있었기 때문이다. 하지만 불행하게도 비잔틴 제국에는 이런 혜안을 지닌 리더가 없었다.

게다가 당시 비잔틴 제국의 황제들은 국제 정세에 대한 식견마저 부족했다. 보스포루스 해협의 통제권을 빼앗기면, 흑해 연안에 위치한 제국의 영토인 트레비즌드 왕국과의 바닷길이 위협받게 된다. 또한 제국의 수도인 콘스탄티노플에서 이뤄지는 모든 무역 거래가 직격탄을 맞게 된다. 바예지드 1세와 메메드 2세 두 술탄이 구축한 두 요새와 해당 지역은 말하자면, 비잔틴의 입장에서는 절대 놓쳐서는 안 될 요충지 중의 요충지였다. 그 지역은 보스포루스 해협의 통제권을 좌지우지할 수 있는 핵심 거점 지역이었다. 그런데도 제국은 두 번이나 눈앞에서 오스만투르크의 요새가 들어서는 것을 방치해버렸다. 위기 예측 능력도 없고, 위기 대비 능력도 전무했던 것이라 평가할 수밖에 없다.

루멜리 히사르 요새가 완성되자 오스만투르크는 보스포루스 해협의 바닷길을 효과적으로 장악하게 되었다. 결과적으로 비잔틴 제국은 해협의 통제권을 상실하고, 수도 콘스탄티노플마저 위기에 그대로 노출되었다. 이 기간 비잔틴이 기울인 대비책이라고 해봐야 분열된 동서교회의 통합을 시도하고, 서구 기독교 국가의 원조를 기다리는 정도였다.

비잔틴 제국의 빈약한 위기 경영의 결과는 참담했다. 1453년 4월부터 본격적으로 시작된 오스만투르크의 포위전 이후 함락 때까지 공식적으로 비잔틴 제국과 함께 싸운 서구 기독교 국가는 단 한 곳도 없었다. 개인 자격으로 싸운 제노바의 주스티아니 장군이나 카탈루냐인과 베네치아인들은 있었지만, 이들은 어디까지나 기독교인으로서 와서 함께 싸워준 것뿐이었다. 베네치아 공화국과 교황청에서 뒤늦게나마 군사를 보내왔지만, 이미 때는 늦었다. 콘스탄티노플이 이미 함락된 뒤의 일이었기 때문이다. 자력으로 나라를 방어할 힘이 없던 비잔틴 제국은 서구 기독교 국가들에게 철저히 우롱당하고 무시당한 셈이었다.

만약에 비잔틴 제국의 역대 황제들이 한정된 자원을 군사력을 강화하는 쪽으로 활용했다면 상황이 달라졌을까? 생활고에 시달리는 백성들로부터 원성을 샀을지는 모른다. 하지만 적어도 수도 콘스탄티노플만큼은 메메드 2세의 공격으로부터 조금이라도 더 버텼을 것이다. 그리고 그 사이에 서구 기독교 국가들이 보낸 지원군과 원조 물자가 도착했을 수도 있고, 그렇게 되면 콘스탄티노플을 포위하고 함락하는 데 모든 것을 걸었던 메메드 2세에게 커다란 위협이 됐을 것이다. 어린 나이에 술탄에 등극해 자신의 능력을 의심하는 주변의 눈초리를 무릅쓰고 엄청난 물량을 동원해 콘스탄티노플 함락 작전을 감행한 메메드 2세에게는 일분일초의 시간도 아쉬웠을 것이기 때문이다.

야후는 어떻게 경쟁력을 잃었나

—

2016년 7월 25일, 인터넷 기업 야후(Yahoo)가 48억 3천만 달러, 원화로 약 5조 5천억 원에 매각되었다. 야후는 1994년 스탠포드대학 공대생이던 제리 양과 루이지애나 출신의 프로그래머 데이빗 파일로가 함께 창업한 회사였다. 창업 당시의 회사명은 '제리와 데이빗

의 월드와이드웹 가이드'라는 다소 촌스런 이름이었다. 이듬해 창업 투자 전문회사인 세쿼이어 캐피털이 투자하면서 이름을 야후로 바꾸었다. 그리고 스타트업 기업이 따르는 전형적인 수순을 밟는다. 즉, 경험 많은 전문 경영인을 고용해 경영을 맡긴 것이다.

전문 경영인을 고용했지만 두 창업자는 여전히 회사 경영에 깊숙이 관여했다. 예컨대 데이빗 파일로는 여전히 중요한 기술 관련 의사 결정을 도맡아 처리했고, 제리 양 역시 전문 경영인을 바꾸는 등의 핵심적인 의사 결정을 직접 담당했다. 당시 전문 경영인으로 고용된 테리 세멜은 야후를 미디어 관련 통합 기업으로 키우고 싶어 했다. 그래서 미디어 관련 분야에서 잔뼈가 굵은 사람들을 임원[32]으로 대거 채용했다.

하지만 이렇게 쟁쟁한 미디어 관련 전문 임원을 고용했으면서도 야후는 정체성 혼란을 겪는다. 기술 기업으로 자리매김하겠다

다른 방향, 다른 노선을 선택한 두 인터넷 기업의 창업자들
야후의 창업자인 제리 양과 데이비드 파일로(좌), 아마존의 창업자 제프 베조스(우)

는 건지, 아니면 미디어 기업으로 나아가겠다는 건지 전략적 자리
매김이 모호했다. 뚜렷한 방향을 잡지 못하고 이도저도 아닌 전략
을 구사하면서 금쪽같은 시간만 낭비했다. 그 사이 빠르게 변하는
인터넷 업계의 흐름을 놓치고 말았다. 야후라는 명성에 걸맞은 기
술력과 콘텐츠를 보여주지 못하는 와중에 시대의 흐름을 정확히
읽은 뛰어난 후발 업체들에게 덜미를 잡혔다.[33]

　인터넷 업계는 기술 변화 속도가 매우 빠르다. 잠시 허둥대는
사이에 시장의 흐름에서 낙오되기 일쑤다. 사실 창업자의 진정한
능력이 발휘되어야 하는 때가 바로 이 순간이다. 외부의 환경에 얽
매이지 않고, 당장 인기가 없거나 자금 소요가 클 것 같은 사업이
라 하더라도 기업의 미래를 걸고 과감한 투자를 할 수 있는 자가
바로 창업자이기 때문이다. 전문 경영인이 미래의 사업성은 좋아

보여도 당장 수익성이 떨어지는 사업에 과감한 투자를 하기란 쉽지 않다. 자신의 커리어를 염려할 수밖에 없는 입장이기 때문이다. 이럴 때야말로 창업자의 혜안과 미래 지향적인 사고가 절대적으로 요구된다.

창업자는 미래의 먹거리가 될 만한 사업을 찾고 거기에 과감한 투자를 해야하는 사람이다. 위험 부담이 따르지만, 바로 그 위험 부담을 감수하는 것이 창업자가 감당해내야 할 몫이기 때문이다. 야후가 미디어 기업과 기술 기업이라는 두 개의 전략적 선택 앞에서 우왕좌왕할 때, 창업자인 제리 양과 데이비드 파일로는 과감한 의사 결정을 내리지 않고 계속 머뭇거렸다. 그리고 그들은 혹독한 대가를 치렀다. 회사가 매각되는 것을 막지 못한 것이다.

반면 아마존(Amazon)의 경우를 보자. 창업자 제프 베조스는 1995년 창업 후 10여 년간 매년 적자에 허덕였다. 그럼에도 불구하고 그는 위험을 감수하며 창업자만이 가능한 신사업을 끊임없이 창출했다. 그 중 하나가 아마존 웹서비스(AWS, Amazon Web Service)이다. 이 서비스는 지금 아마존을 먹여 살리는 효자 노릇을 톡톡히 하고 있다.

구글(Google)의 공동 창업자인 레리 페이지와 세르게이 브린은 유능한 전문 경영인인 에릭 슈미트를 영입하고, 그를 창업자인 자신들과 동등한 자격으로 대우하면서 회사를 키워나갔다. 그들이 만들어낸 최고의 히트 상품은 검색 결과와 연동되어 고객에게 제시되는 맞춤형 텍스트 광고다. 오늘날 전 세계 구글 사용자들에게 익숙한 구글 광고다. 이 광고를 통해 구글은 매년 천문학적인 수익을 내고 있다. 또한 레리 페이지는 2006년 당시 돈만 까먹고 별 볼일 없던 유튜브(Youtube)를 주변의 반대에도 불구하고 과감하게 인수했다. 전문 경영인이라면 이를 선뜻 인수하자고 주장하기는 어려웠을 것이다. 하지만 그는 창업자였기에 가능했다. 지금 유튜브는 구글을 먹여 살리는 중요한 수익원으로 자리매김했다. 현실에만 머무르지 않는 창업자의 미래 지향적 투자가 오늘날 구글을 탄탄대로에 올려놓은 셈이다.

페이스북(Facebook)의 창업자 마크 저커버그 역시 그렇다. 그는 2012년 사진 공유 어플리케이션인 인스타그램(Instagram)을 과할 정도의 가격으로 인수하는 데 앞장섰다. 지금 인스타그램은 소셜 네트워크서비스 열기와 맞물려 페이스북의 안정적 성장을 이끄는 효자 노릇을 하고 있다.

물론 야후에게도 절호의 기회가 몇 번 있었다. 그러나 야후는 그때마다 머뭇거렸고, 시장을 선도할 기회를 놓쳐버렸다. 예컨대 2002년, 야후는 구글을 거의 인수할 뻔 했다.[34] 2006년에는 페이스북을 거의 인수하기 직전까지 갔었다.[35] 그런데 재미있는 것은 야후에게 신의 한 수가 됐을 법한 이 인수 합병의 노력이 창업자인 제리 양과 데이빗 파일로가 아니라 전문 경영인으로 고용된 테리 세멜의 주도에 의한 것이었다는 사실이다. 테리 세멜이 창업자들보다 더 미래 지향적인 시각을 갖고 있었던 것이다.

그러나 그는 창업자가 아니었기 때문에 최종적인 단계에서 창업자들의 승인을 얻어야 했다. 그리고 불행하게도 야후의 창업자들은 테리 세멜의 이 같은 인수 합병 제안을 외면했다. 구글과 페이스북을 목전에서 놓친 것이다. 구글의 에릭 슈미트처럼 테리 세멜에게 제리 양과 데이빗 파일로와 같은 급의 의사 결정권이 있었다면, 그의 노력은 결실을 보았을 것이다. 그러면 오늘날 우리는 야후가 주도하는 인터넷 세상에서 살고 있을지도 모른다.

야후에게 마지막 기회가 온 것은 2008년이었다. 구글이 한참 사세를 펼치고 있을 때, 마이크로소프트사는 인터넷 검색 시장에서 전혀 존재감이 없었다. 초조해진 마이크로소프트사는 이를 만회하기 위해 당시로서는 천문학적 가격인 450억 달러, 한화로 약 60조 원을 제시하면서 야후를 인수하려고 했다. 2016년 야후가 매각됐을 때 금액이 약 5조 5천억 원임을 감안하면, 마이크로소프트사가 제시한 60조 원이란 금액이 얼마나 좋은 조건이었는지 알 수 있다.

그러나 아쉽게도 그때 야후의 최고 경영자는 테리 세멜이 아니었다. 다시 경영자로 복귀한 창업자 제리 양이었다. 제리 양은 이 절호의 기회를 또다시 외면해버렸다. 그가 왜 이런 결정을 했는지는 아무도 모른다. 아마 자신이 직접 야후를 경영하기 때문에, 얼마든지 야후를 인터넷 업계의 선두 주자로 복귀시킬 수 있다고 판단했는지 모른다. 하지만 시장은 제리 양의 의사 결정에 문제가 있음을 정확히 알고 있었다. 제리 양의 결정이 공표되자마자 야후의 주가는 곤두박질쳤다. 야후의 미래에 대한 시장의 냉정한 평가였다. 공교롭게도 창업자인 제리 양만 자기가 세운 회사의 미래를 몰랐다. 야후의 운명은 사실상 이때 이미 결정되었다.

여기서 구글과 아마존의 과감한 시도는 메메드 2세의 오스만투르크에, 야후의 패착이 누적되는 과정은 콘스탄티누스 11세의 비잔틴 제국에 견줘볼 만하다.

1451년 메메드 2세는 19세의 나이로 오스만투르크의 술탄이 되었다. 그는 술탄이 되고나서 2년간 주변 국가들과 마찰을 피하면서 콘스탄티노플을 점령하기 위해 조용히 준비에 몰두했다. 또한편으로는 국정 장악에도 힘썼다. 내치(內治)가 흔들리면, 모든 것이 무너지기 때문이다. 어느 정도 국정을 장악했다고 판단하자 콘스탄티노플을 점령하려는 의지를 공개적으로 천명했다. 메메드 2세의 이 같은 행동을 기업에 빗대자면, 창업자가 미래의 먹거리를 찾아 당장 돈이 안 될지라도 미래 수익성이 좋아 보이는 기업을 고액으로 인수 합병하려는 시도와 유사하다. 이러한 시도에는 당연히 위험이 수반된다. 하지만 기업의 창업자처럼 전권을 쥔 술탄이기에 가능한 것이었다.

반면 비잔틴 제국은 시시각각 다가오는 위기 상황 속에서 적극적인 자구책을 강구하는 데 실패했다. 오스만투르크에게 차례차례 영토가 잠식 당하고 있는 상황을 그저 무기력한 눈으로 바라만 보았다. 상황을 반전시킬 수 있는 실제적이고도 효과적인 군사 외교 정책을 제대로 펴보지도 못한 채, 금쪽같은 시간만 낭비하고 있었다.

노키아는 왜 변화에 실패했나

역사에서 제국이 사라지는 것이나 기업 세계에서 기업이 사라지는 것은 놀라울 정도로 그 과정이 유사하다.

1871년 북유럽의 조그마한 나라인 핀란드에 노키아(Nokia)라는 기업이 출범했다. 당시 노키아는 핀란드의 풍부한 산림 자원을 토대로 펄프와 목재를 생산하는 업체로 큰 성공을 거두었다. 그러다 20세기에 들어오면서 사업 환경이 크게 변했음을 인식한 뒤, 기존 사업들을 과감하게 정리했다.

그리고 새롭게 시작한 사업이 고무 사업이었다. 고무는 핀란드에서 생산되지 않는 재료였다. 그러나 고무는 당시 한창 성장하고 있던 핀란드 산업에 없어서는 안 되는 중요한 원자재였다. 노키아는 이 사업에서도 큰 성공을 이뤄냈다. 하지만 시장 상황이 또 변했다. 고무 산업이 포화 상태에 들어간 것이었다. 마진폭이 크게 감소하자 노키아는 또 다른 변신을 고민했다. 변화된 시장 환경에 맞는 새로운 먹거리를 다시 찾아 나설 시점이 된 것이다.

노키아는 또 한 번 과감한 변신을 시도했다. 이번에는 통신 산업이었다. 파격적인 결정이었지만, 노키아는 이번에도 엄청난 성공을 거두었다. 과거 두 번에 걸친 비즈니스 모델 변화의 경험이 크게 주효했던 것이다. 전 세계에 노키아의 이름이 알려지게 된 것도 바로 이 통신 산업에서의 성공 덕분이다. 노키아는 저렴하면서도 튼튼하고 성능이 좋은 휴대폰을 만들었고, 그 덕분에 최고의 전성기를 누렸다. 지금의 스마트폰과는 달리 당시 휴대폰은 휴대용 전화기로서의 기본 특성을 잘 갖춘 피처폰(feature phone)이었다. 우리나라 삼성전자의 애니콜, 엘지전자의 초콜릿폰, 와인폰 등도 이당시에 유행했던 피처폰들이다. 그중에서도 노키아폰은 전 세계 시장 점유율에서 부동의 1위를 차지하면서 시장을 석권했다. 2007년 노키아의 주가는 핀란드 헬싱키 주식 시장에서 시가 총액의 3분의 1을 차지할 정도였다. 노키아는 명실 공히 핀란드의 국민 기업이 된 것이다.[36]

2007년 6월 29일, 애플이 아이폰을 출시했다. 당시 개념으로는 혁명적인 휴대폰이었다. 본격적인 스마트폰 혁명이 시작된 것이다. 아이폰은 노키아를 순식간에 위기에 빠뜨렸다. 그동안 산업 변화에 발 빠르게 대응해온 노키아가 이번에는 잘못된 의사 결정을 내리면서 뒤처지기 시작했다. 기존 피처폰 시장에서 성공을 거둔 과거의 경험은 노키아에게 오히려 독이 됐다. 스마트폰 혁명에 대비하면서 과거 피처폰 시장에서 통했던 성공 공식에 대한 미련을 떨쳐내지 못한 것이다. 예를 들어 피처폰에 적용했던 운영 체제를 손봐 업데이트를 하면, 노키아도 애플처럼 자체적인 스마트폰 운영 체제를 갖출 수 있다고 오판했다.

상황은 이랬다. 노키아는 애당초 애플의 아이폰에 적용된 운영 체제인 아이오에스(iOS)를 사용할 수 없었다. 그렇다고 이미 삼성이 선점한 안드로이드 체제 역시 노키아가 택하기에는 한발 늦은 상태였다. 노키아는 스마트폰 혁명의 와중에 애플처럼 주도권을 쥐기 위해서는 과거 피처폰에서 강세를 보였던 자사의 심비안(Symbian)이라는 운영 체제를 어떡해서든지 스마트폰에 맞게 확대 발전시켜야 한다고 판단했다. 일견 보기에 가능한 시나리오였다. 그리고 당시만 해도 노키아는 통신 업계에서 세계 1위의 기업이었으며, 자금도 넉넉했기 때문이다. 누가 봐도 불가능하지 않은 시도로 보였다. 하지만 시장 상황은 매우 긴박하게 돌아가고 있었다. 애플이 아이폰을 출시하자마자 기존 피처폰 시장은 확연히 쪼그라들었고, 전 세계 스마트폰 시장은 이제 애플이 주도하는 아이폰과 구글의 안드로이드폰이 과점하는 구도로 완전히 변해버린 것이다.

과거에 화려한 성공을 거둔 기업일수록 갑자기 들이닥친 시장 변화에 안이하게 대처하는 경우가 많다. 과거의 성공을 포기하고 싶지 않기 때문에 과감한 혁신을 꺼리는 탓이다. 결과적으로 지금까지 거둔 성공이 도리어 획기적인 변화를 어렵게 만든다. 그동안 잘 작동해온 성공의 공식이 변화된 시장에서도 잘 적용되리라 막연하게 생각하기 때문이다. 노키아가 그랬다.

노키아는 과거 피처폰 시장에서 세계 1위로 군림하는 데 일등 공신이었던 자사의 운영 체제 심비안에 매달렸다. 이를 스마트폰에 맞게 개편하는 노력에 모든 자원을 쏟아 붓기로 결정한 것이었다. 하지만 스마트폰에 적용되기에는 기본 철학부터 달랐던 심비안을 스마트폰 운영 체제로 바꾸려는 이 시도는 무모했다. 소프트웨어에 대해 조금이라도 아는 사람이라면, 반드시 막아야 할 시도였다.[37] 그러나 최고 경영진의 이 같은 무모한 시도에 대해 노키아 내부에서는 그 누구도 목소리 높여 비판하기를 꺼렸다. 그러다가 일자리를 잃을까봐 몸을 사렸기 때문이다.

예상대로 결과는 참담했다. 많은 시간과 막대한 자금만 퍼부은 채, 결과 없이 상황은 끝나버렸다. 운영 체제에 기반한 생태계 형성이 성공의 열쇠인 스마트폰 세계에서 독자적인 스마트폰 운영 체제가 없는 노키아가 들어설 시장은 없었다. 결국 2013년 노키아 휴대폰 사업부는 마이크로소프트사에 매각되고 말았다. 현재 노키아는 특허권을 판매하는 회사로만 존재한다. 노키아를 인수한 마이크로소프트사도 최근 스마트폰 생산에서 손을 뗐다. 밑 빠진 독에 물 붓듯 승산 없는 스마트폰 시장에 투자할 필요가 없다고 판단한 것이다.

애플이 스마트폰을 출시했을 때, 기존 업체는 모두 큰 충격에 빠졌다. 아이폰이 지금까지의 휴대폰과는 차원이 다른 제품이었기 때문이다. 껍데기만 복사한다고 해결될 문제가 아니었다. 운영 체제 자체가 기존 개념과 완전히 달랐다. 피처폰 시대에 강자로 군림하던 노키아, 삼성전자, 엘지전자, 모토롤라 등은 나름대로 주판알을 튕기면서 상황 판단에 들어갔다. 과연 스마트폰이 새로운 패러다임으로 시장 질서를 재편할지의 여부에 촉각을 곤두세운 것이다. 연일 자체 분석에 들어갔고, 또 세계적인 컨설팅 업체에 용역을 맡기면서 애플의 스마트폰이 휴대폰 시장에 미칠 파급력을 분석하는 데 여념이 없었다. 머지않아 각자 분석 결과를 손에 쥐고, 그에 따라 행동에 들어갔다.

삼성전자는 당시 전 세계적으로 엄청난 성공을 거두고 있던 피처폰을 과감하게 포기하기로 했다. 현재보다는 미래를 선택한 것이었다. 그리고 과감하게 스마트폰 시장에 뛰어들어 휴대폰 시장의 변화에 탑승하였다. 독자적인 스마트폰 운영 체제가 없었기에 구글의 안드로이드 체제를 탑재한 스마트폰을 만들기로 했다. 현실적이고 현명한 판단이었다. 노키아를 비롯한 다른 피처폰 업체들은 향후 휴대폰 시장의 변화를 좀 더 시간을 갖고 지켜보기로 하고, 현재의 피처폰 시장에 매진하기로 결정을 내렸다.

그러나 얼마 지나지 않아 시장의 반응은 분명해졌다. 피처폰 시장의 성장이 멈춰버린 것이다. 휴대폰의 모든 신규 수요는 스마트폰에 의해 이뤄졌다. 스마트폰이 게임 체인저로서 휴대폰 시장을 주도하는 것이 분명해졌다. 시간상으로는 큰 차이가 없는데도 불구하고, 기업마다 결과는 극명하게 갈렸다. 얼마 안 되는 시차를 두고 어떤 기업은 스마트폰의 강자로 남았고, 뒤늦게 의사 결정을 한 기업은 스마트폰 시장에서 경쟁력을 상실한 채 사라지거나 사세가 크게 축소되고 말았다.

위기가 예측돼야 한다는 명제는 여기서도 적용된다. 스마트폰 시장에서 살아남은 기업은 다가오는 위기를 예측했다. 그리고 스마트폰으로의 사업 전환을 제때에 이뤄냈다. 그리고 살아남았다. 반면 위기 예측에 실패한 기업은 스마트폰 시장에서 철저하게 외면당하고 말았다.

성공의 공식인가, 관성의 늪인가

성공 공식(Success Formula)은 이른바 성공을 거두게 만드는 일련의 과정과 법칙을 일컫는다. 이는 마약과도 같다. 성공의 달콤함을 알게 해준 것이기에 쉽게 잊을 수가 없기 때문이다. 특히 과거에 큰 결실을 가져다준 과거의 성공 공식이라면 더욱더 잊기가 어렵다. 따라서 기업의 입장에서는, 성공 공식을 잊기 위해 '그냥 잊는(forget)' 게 아니라 '일부러 잊어버리는(unlearn)' 적극적인 실천이 필요하다. 관성으로 굳어진 성공 공식에서 벗어나 새로운 변화를 추구하는 것 만큼 힘들고 고통스러운 일은 없기 때문이다.

잘 나가던 사업이 어느 날 갑자기 이상 신호를 보내온다. 변화된 시장에서 지금의 방식으로는 살아남을 수 없다는 긴박한 메시지다. 그런데 그 기업이 지금까지 화려한 성공 신화를 써온 경우라면, 이같은 시장의 경고음은 잘 들리지 않을 것이다. 나아가 현재의 성공 가도에서 내려서고 싶지 않기에 일부러라도 모든 것이 괜찮다고 스스로 합리화할 것이다. 지금까지 성공해왔으니 앞으로도 여전히 이 성공이 유지될 것이라고 생각할 것이다.

어떤 회사에서 과거의 성공 공식을 잊어야만 살아남을 수 있다고 말하는 사람이 배신자로 몰린다면, 그 기업은 이미 성공 공식이라는 늪에 빠져 있을 가능성이 크다. 씨피트(CFIT) 증상이 시작된 것이다. 이런 경우 대개 이후 시나리오는 정해져 있다. 변화의 마지막 기회인 골든타임을 다 소진하고, 현금 유동성도 곧 바닥을 드러낼 것이다. 상황은 더욱 절박해지고, 직원들을 무리하게 몰아세울 것이다. 인력 관리에도 문제가 생기고, 애써 키운 양질의 기업 문화마저 척박해질 것이다. 그리고 매각과 청산을 통해 시장에서 사라질 것이다.

성공 공식이란 과거형임을 잊지 말아야 한다. 과거에 적용되었기에 공식으로 정리될 수 있었던 것임을 항상 기억해야 한다. 시장은 늘 변한다. 변화된 시장에서도 늘 작동하는 성공 공식이란 사실상 존재하지 않는다.

경영의 세계에서 영원한 성공 공식이 없듯이, 영원한 비즈니스 모델도 없다. 비즈니스 모델이란 고객이 원하는 가치를 만들어 이를 통해 수익을 올리는 프레임워크를 말한다. 기업이 시장에서 살아남으려면, 이 비즈니스 모델이 튼튼해야 한다. 문제는 이 모델이 시장에서 늘 제대로 작동하는 것은 아니라는 점이다. 시대가 변하면 신기술과 신제품으로 무장한 경쟁 기업이 출현하기 마련이다. 그리고 그 기업이 가지고 있는 기술력이 파괴적이면 파괴적일수록 기존 기업의 비즈니스 모델은 치명적인 타격을 입는다. 그리고 시장 질서가 재편된다.

예컨대 과거부터 디지털 기술의 발전은 늘 그 파급 효과가 치명적이었다. 특히 기존의 아날로그 기술을 대체하는 과정이 그랬다. 엘피(LP) 레코드, 컴팩디스크(CD)가 유통되던 아날로그 형 비즈니스 모델은 음원 다운로드, 음원 스트리밍 서비스와 같은 디지털 형 비즈니스 모델로 순식간에 대체됐다. 학생들의 필수품이던 두꺼운 사전들도 전자 사전이나 아예 인터넷상의 오픈 사전으로 바뀌어버렸다. 또한 계산기, 내비게이션, 카메라, 녹음기, 지도, 음원 및 동영상 플레이어, 게임기 등의 기능을 한 기기 안에 모두 통합한 스마트폰이 관련 아날로그 제품들을 일거에 시장에서 몰아냈다. 이제 아날로그 형 비즈니스 모델이 기댈 곳이라곤 과거의 추억과 향수에 젖은 소비자가 존재하는 극히 제한된 시장 정도이다.

만일 경쟁력 강화니, 핵심 역량 제고니, 시장 변화 예측이니 등등의 단어들을 강조할 요량이라면, 과거의 추억, 특히 과거의 성공 공식에 대한 추억은 잊는 것이 좋다. 위기일수록 과거의 성공 공식은 적극적으로 잊어야 한다. 그래야만 위기의 순간에 관성의 늪에서 빠져나올 수 있다.

코닥과 후지필름의 차이

━

왕년에 사진 좀 찍어본 사람치고 코닥을 모르는 사람은 없을 것이다. 후지필름 또한 기억할 것이다. 필름 없는 디지털 카메라가 카메라의 대명사가 된지 오래지만, 여전히 코닥과 후지필름은 많은 사람들의 기억 속에 남아 있는 추억의 브랜드이다. 그런데 지금 두 회사의 처지는 판이하다.

오늘날 구글에 빗댈 정도로 코닥의 과거는 대단했다. 1880년에 설립된 코닥은 당시만 해도 혁신의 아이콘이었다. 홍보 전략 또한 시의적절하였다. "버튼만 누르세요, 나머지는 우리가 알아서 할게요"라는 식의 카피는 지금 보면 유치할지 모르지만, 코닥의 서비스 철학을 잘 드러냈던 문구로, 당시 고객은 여기에 열광했다. 1970년대 중반 코닥은 미국에서 한때 필름 시장의 90퍼센트, 카메라 시장의 85퍼센트를 점유하기도 했다.

뿐만 아니다. 1990년대까지 코닥은 세계 5대 브랜드에 늘 꼽히던 기업이었다. 사실 코닥과 같은 화려한 전성기를 누려본 회사는 많지 않다. 1996년 당시 매출이 160억 달러에 이르렀으며, 1999년에는 25억 달러의 순익을 기록하기도 했다. 이런 기업이다 보니 시장은 코닥의 미래에 대해 터무니없을 정도로 장밋빛 전망을 쏟아냈다. 곧바로 들이닥칠 디지털 혁명으로 인한 수익성 악화를 전혀 예상하지 못한 무의미한 전망들이었다. 코닥은 2012년 1월 18일 끝내 파산을 신청했고,[38] 지금은 과거 전성기 시절 개발해놓은 기술 특허를 판매하는 회사로만 남아 있다.

아날로그 필름 시장에서 코닥과 치열하게 경쟁하던 기업이 후지필름이다. 필름 시장이 활황이던 시절에 코닥과 후지필름은 종종 자존심 싸움을 벌이곤 했다. 그러나 코닥과 달리 후지필름은 디지털 기술 발전으로 인한 필름 시장의 위기를 정확히 예견했다. 생존을 위한 마지막 혁신의 골든타임이 얼마 남지 않았음을 직감했다. 그리고 업종 변환을 위해 뼈를 깎는 과감한 시도들을 단시간 내에 감행했다. 원래 일본의 기업 문화는 만장일치제를 선호하고, 회의 중에 반대 의견 내는 것을 꺼리는 분위기다. 그러다보니 의사 결정 과정이 느리고, 변화에 재빠르게 대처하는 게 어렵다. 그런데도 후지필름은 위기에 봉착하자 매우 신속하게 대응했다. 후지필름의 이 같은 신속한 대응 자세는 일본 기업 문화의 관점에서 보면 대단히 이례적이었다.

후지필름이 아날로그 필름 시장의 지각 변동을 감지한 것은 1980년대 초반이었다. 코닥과 달리 당시 후지필름의 경영진은 이 변화를 거스를 수 없는 대세로 받아들였다. 현명한 판단이었다. 그러나 한편으로 이는 고통스런 의사 결정을 요구했다. 버리고 포기할 것이 많았기 때문이다. 하지만 머뭇거릴 시간이 없었다.

후지필름은 즉각 세 가지 위기 경영 전략을 세웠다. 첫째, 아날로그 필름 시장에서 최대한 현금을 마련한다. 둘째, 다가오는 디지털 기술 시장에서 살아남을 수 있도록 기업 체질을 신속하게 개선한다. 셋째, 디지털 시장에서 살아남을 수 있는 새로운 비즈니스 모델을 창출한다.

물론 기업은 조직이기 때문에 조직 관성에 영향을 받는다. 이 관성은 조직 구성원들의 행동과 사고방식에 의해 오랫동안 누적된 것이다. 때문에 한두 명의 노력으로 쉽게 바뀌지 않는다. 더구나 구성원들은 미래의 불확실한 잠재성보다 현재의 안정감을 더 선호하는 경향이 있다. 풍요로운 현재를 포기하고 불확실한 미래로 나가길 꺼리는 건 당연하다. 이러한 조직 문화를 바꾸려면, 조직의 수장부터 말단 직원까지 철저하게 변화를 추구하지 않으면 안 된다. 성공적인 조직 변화가 쉽지 않은 까닭이다.

더욱이 아날로그 필름 시장을 접고 디지털 시장으로 뛰어든다는 것은 큰 폭의 이익 감소를 의미했다. 기존 필름 시장은 사실 마진폭이 컸다. 새로운 시장에서 이만한 고수익을 기대하기란 만만찮은 일이었다. 코닥이 마지막 순간까지 아날로그 필름을 놓지 않으려 했던 이유도 바로 이 같은 이익 감소가 두려웠기 때문이다. 하지만 일단 시작된 필름 시장의 변화는 막을 수 없었다.

디지털 기술 혁명으로 위기가 닥치자 후지필름은 일본 기업인가 싶을 정도로 신속하고 과감하게 변신을 시도했다.[39] 이를 위해 그동안 아날로그 필름 시장에서 벌어놓은 현금을 알뜰하게 사용했다. 디지털 기업으로 변신하는 데 불필요한 인력과 관련 사업을 과감하게 정리했다. 그리고 이미 개발된 자기 기술 가운데 디지털 기반에서 적용 가능한 비즈니스 모델만을 추려내 이를 바탕으로 새로운 먹거리를 만들어내기 위해 총력을 기울였다. 이렇게 하여 찾아낸 새로운 사업이 스킨케어 제품과 엘시디(LCD) 디스플레이 평판에 들어가는 특수 필름이었다.

먼저 후지필름의 스킨케어 제품의 탄생 과정을 살펴보자. 사실 필름은 콜라겐이라는 물질을 지니고 있다는 점에서 사람의 피부와 유사한 측면이 있다.[40] 이 점에 착안해 후지필름은 시간이 지나면서 인간의 피부가 노화되는 현상과 사진을 오래 두면 산화 작용으로 변색되는 현상의 공통점에 주목했다. 필름에 포함된 항산화 물질로 사진의 변색을 막듯이, 항산화 물질을 추려내는 기술을 응용해 피부 노화를 막는 화장품을 만들어낸 것이었다. 이를 토대로 스킨케어 전문 화장품 브랜드인 아스타리프트(Astalift)를 성공적으로 론칭하였다. 이 브랜드는 사진이 잘 받는 스킨케어 화장품이란 이미지를 내세워 아시아 지역에서 성공적으로 상권을 확보했으며, 유럽 지역으로도 진출하였다.

후지필름의 또 다른 미래 먹거리는 엘시디 디스플레이에서 나왔다. 당시 일본의 디지털 산업을 주도하는 대기업들은 엘시디에 막대한 투자를 하고 있었다. 그런데 엘시디 평판은 보는 위치에 따라 화면에 디스플레이된 정보의 해상도가 달라지는 문제점이 있었다. 후지필름은 여기에 주목하고, 약 40억 달러에 달하는 막대한 투자를 통해 엘시디 평판에 붙이는 특수 필름을 개발하는 데 성공했다. 아날로그 필름 사업을 통해 수많은 필름 관련 원천 기술을 가지고 있던 후지필름에겐 탁월한 선택이었다. 엘시디 평판의 시야 각도를 넓혀주는 특수 필름은 후지필름이 디지털 시장에서 살아남는 데 든든한 버팀목이 되었다.

사실 후지필름의 이 같은 비즈니스 모델의 전환 과정은 눈물겨운 투쟁의 연속이었다.[41] 그리고 그 투쟁의 대부분은 기존의 아날로그 필름 사업에서 쌓아놓은 기득권을 지키고 싶어 하는 내부 이해관계자들과의 싸움이었다. 그들이 원하는 것은 간단했다. 변하지 말자는 것이었다. 지금까지 그래왔듯이 어떡해서든지 앞으로도 아날로그 필름을 팔아서 먹고 살자는 것이었다. 그러나 후지필름은 디지털 혁명에서 살아남기 위해 고통스런 구조 조정을 선택하였다. 불필요해진 물류 인프라와 연구소, 이와 관련된 각 부서와 팀, 그리고 인력을 정리했다. 떠나는 인력들에게는 위로금과 퇴직금도 두둑이 얹어주었다. 필요한 경우 확실한 감가상각을 통해 업종 전환에 따른 회계상의 불투명성도 제거했다. 쏟아 부은 자금만 2천 5백 엔, 원화로 약 2조 5천억 원에 달했다. 이만한 돈은 일견

어마어마해 보이지만, 익숙함과 결별하고 디지털 기업으로 환골탈태하는 데 없어서는 안 될 알찬 기회비용이었다.

동일한 위기에 봉착한 코닥은 후지필름과는 사뭇 다른 태도를 보였다. 코닥의 위기 경영 전략이란 한마디로, 수익성 좋은 아날로그 필름 사업을 최대한 오래 유지하면서, 천천히 디지털화를 시도하자는 것이었다. 일견 합리적인 것처럼 보이지만, 이는 변화가 매우 천천히 진행되는 경우에나 통하는 전략이다. 알다시피 당시 아날로그 필름 시장에 들이닥친 디지털 카메라의 위협은 쓰나미처럼 긴박하고 엄중했다. 쓰나미가 밀어닥치는 것을 뻔히 보면서도 코닥은 느릿느릿 집안의 귀중품을 챙겼다. 더구나 여유 자금으로는 디지털 쓰나미의 위협으로부터 안전한 신제품을 마련해두지도 않았다.

코닥 경영진 가운데 유명한 인물이 한 명 있었다. 당시 최고의 실력으로 인정받던 경영자 조지 피셔로, 그는 모토롤라를 거쳐 코닥의 최고 경영자로 임명됐다. 그의 재임 기간(1993~1999)은 아직 코닥이 건재하고 재정도 튼튼한 때였다. 회고해보면, 이 시기가 코닥이 디지털 기업으로 거듭날 수 있는 마지막 골든타임이었다. 하지만 그는 코닥의 핵심 수익원인 아날로그 필름 사업을 포기하고 싶지 않았다. 그러면서도 다가오는 디지털 쓰나미를 피하고도 싶었다. 그는 어정쩡하게도 코닥을 이미징(Imaging) 회사로 정의했다. 코닥판 씨피트가 시작되는 순간이었다.

조지 피셔는 이미징 관련 사업에 돈을 쏟아 부었다. 해당 사업은 다가오는 디지털 쓰나미로부터 안전한 고지대가 아닌데도 코닥을 그쪽으로 끌고 갔다. 비유하자면 쓰나미가 몰려오는데 그냥 이웃 동네 정도로 이사를 간 셈이었다. 이후 코닥의 매출과 영업 이익은 순식간에 반 토막이 나버렸다. 설상가상으로 조지 피셔 이후 새로 들어온 최고 경영자들도 갈피를 못잡고 허둥대기만 했다. 금쪽같은 시간과 돈은 계속 허비되었고, 핵심 신규 사업도 길을 잃었다. 이제 코닥에게 남은 것은 파산 선고뿐이었다. 기업 세계에서 영원한 성공은 없다. 실제로 통계를 봐도 대부분 창립 후 10년을 넘기기가 어려운 것이 현실이다.

쓰나미가 주는 교훈

위기에 강한 리더는 앞으로 닥칠 위기의 크기와 그 시기를 예측하는 데 최선의 노력을 기울인다. 위기는 쓰나미와 비슷해서, 닥치기 전까지는 이상하게도 모든 것이 다 좋아 보인다. 예컨대 2007년 애플의 스마트폰이 등장하기 전까지만 해도 피처폰 시장은 최고의 호황을 누리고 있었다.

물론 쓰나미가 닥치기 전에는 특이한 전조 현상이 있다. 갑자기 해안가의 바닷물이 쫙 빠진다. 이어 해안선이 수평선 방향으로 멀리 물러난다. 다가오는 쓰나미가 대형일수록 바닷물이 빠지는 속도는 더 빠르고, 해안선은 더 멀리 물러난다. 드러난 해안가에선 미처 도망치지 못한 물고기들이 펄떡거린다. 그리고는 사위가 고요해진다. 한가롭게 해변을 거닐기 딱 좋은 상황이다. 하지만 이 평화로운 시간은 사실 쓰나미로부터 도망칠 수 있는 마지막 골든타임이다. 이 순간에 최대한 빨리 고지대로 피신해야만 살아남을 수 있다.

쓰나미가 염려되면서도 현재 살고 있는 지역을 떠나기 싫다면, 남은 방법은 오직 하나다. 다가올 쓰나미의 최대 높이보다 더 높은 방파제를 쌓는 것이다. 하지만 방파제를 높게 쌓으려면 그 만큼 막대한 돈이 든다. 때문에 많은 사람들이 적당한 높이의 방파제로도 충분히 쓰나미를 막을 수 있다고 현실과 타협하는 주장을 펼치는 경우가 많다. 이런 상황에서 꼭 필요한 리더는 적당한 높이의 방파제로는 앞으로 다가올 대형 쓰나미를 막을 수 없다고 주장하는 리더이다. 대부분의 사람들은 십중팔구 쓸데없이 돈 낭비를 한다면서 반대할 것이기 때문이다. 보이지 않는 위험에 대한 대비를 돈 낭비, 시간 낭비라고 비난하는 일은 인류 역사에서 늘 있어온 바다. 이러한 비난이 듣기 싫어 적당히 타협한 리더가 막상 위기가 닥치면 먼저 도망치기 마련이다.

2011년 3월 11일, 일본 동북부 해상에서 진도 9.0의 대지진이 일어났다. 그 여파로 8미터에서 최대 40미터 높이의 쓰나미가 일본 동북부 해안가 마을을 휩쓸었다. 2만 9천여 명의 사상자가 발생한 대형 참사였다. 그런데 이 와중에도 인명 피해가 없는 지역이

파도

가쓰시카 호쿠사이(葛飾北齋) 作, 「가나가와 해변의 높은 파도 아래(원제는 "神奈川沖浪裏")」(1831), 메트로폴리탄 미술관 소장. 우키요에 연작『후가쿠 36경』중 하나로, 거대한 파도와 배, 그리고 배경에 후지산이 그려져 있다. 호쿠사이의 작품 중 가장 유명하며 세계에 알려진 유명한 일본 미술 작품 가운데 하나다.

있었다. 일본 이와테(岩手) 현의 후다이(普代) 마을이다. 이 마을엔 다른 주변 지역과 달리 15.5미터 높이의 방파제가 있었다. 여타 지역의 방파제들의 평균 높이는 10미터였다. 당시 이 지역에 밀어닥친 쓰나미의 높이가 14미터였기 때문에, 15.5미터의 방파제가 쓰나미로 인한 모든 재앙을 막아주었다.

그렇다면 어떻게 이 마을에서만 평균보다 높은 방파제가 세워질 수 있었을까? 그것은 과거 두 번의 쓰나미에서 얻은 경고를 잊지 않았던 와무라 유키에 촌장의 고집 때문이었다.[42] 그는 자라면서 어른들로부터 쓰나미에 대해 많은 이야기를 들었다. 먼저 1896년 6월 15일, 산리쿠 지진 때 발생한 24.4미터 높이의 쓰나미는 마을을 송두리째 집어삼켜버렸다. 사망자만 2만 2천 명에 달하는 참극이 벌어졌다. 이어 1933년 3월 3일, 또다시 산리쿠 지역에 진도 8.1의 강진이 발생했고, 그 여파로 발생한 15미터 높이의 쓰나미가 3천여 명의 사망자를 발생시켰다. 이런 이야기를 듣고 자란 와무라 촌장은 마을이 살려면 적어도 15미터가 넘는 높이의 방파제가 지어져야 한다고 역설하고 다녔다.

문제는 예산이었다. 무려 350억 원의 예산이 소요되는 와무라 촌장의 주장에 대해 정부 관계자들과 많은 마을 주민들은 방파제 높이를 이웃 마을과 같이 10미터 정도로 하자는 논리를 폈다. 이에 대해 와무라 촌장은 명언을 남긴다. "두 번이나 당한 것을 세 번 당할 수는 없다." 1896년과 1933년의 쓰나미로 이미 많은 사람이 죽었는

데 또 세 번이나 당할 수 없다는 의미였다. 결과적으로 와무라 촌장의 이런 고집이 2011년 쓰나미로부터 이 마을을 구해낸 것이다.

같은 이와테 현의 아네요시 마을은 아예 쓰나미가 덮치지 못할 높이로 촌락을 옮겨서 살아남은 마을이다. 이유는 간단했다. 이 마을에는 1896년과 1933년의 쓰나미를 기억하며 조상들이 세워놓은 비석이 있었다.[43] 이 비석에는 이런 글귀가 새겨져 있다. "이 비석 아래로는 집을 짓지 말라. 높은 곳에 거주하는 것이 평화를 가져다준다."

다른 마을에도 쓰나미를 경고하는 유사한 비석들이 있지만, 이렇게 높이까지 지정하며 그 이하로는 집을 짓지 말라는 경고의 내용을 담고 있는 비석은 아네요시 마을이 유일했다. 원래 이 마을은 두 번의 쓰나미에서 몇 명 제외하고 마을 주민 전원이 사망한 쓰라린 상처를 지닌 곳이었다. 두 번이나 재앙을 당하고 난 뒤에서야 이 마을 사람들은 비로소 쓰나미를 피하는 확실한 방법을 깨달았다. 2011년 동북부 대지진 때문에 발생했던 쓰나미는 이 비석 앞 90미터 아래에서 멈췄다. 자연 재해를 인간의 힘으로 얼마까지 제어할 수 있는지 장담하기는 어렵다. 그러나 아네요시 마을 사람들은 과거 경험에 비추어 위기에 대비하라는 선조들의 경고를 외면하지 않았다. 그 결과 그들은 살아남을 수 있었다.

쓰나미에 대비하듯이

—

앞으로 다가올 기술 혁신의 파급력은 쓰나미와 같다. 여기서 초래될 위기에 미리 대비하려면, 더욱 확실한 경쟁력을 지닌 기술 장벽을 구축해두는 수밖에 없다. 후지필름은 일찍이 아날로그 필름으로는 디지털 쓰나미에 대응할 수 없음을 깨달았다. 그리고 주어진 시간 안에 최대한 신속하게 이를 극복할 방파제—스킨케어 제품과 엘시디 디스플레이 필름—를 쌓았다.

앞서 언급했듯이, 코닥은 정반대의 길을 걸었다. 수익성 높은 아날로그 필름 사업이 주는 안락함에서 벗어나길 꺼렸으며, 연고를 둔 지역에서조차 제대로 벗어나질 못했다. 뉴욕 주 로체스터 시에 기반을 두고 백년 이상 사업을 일궈온 코닥은 직원 중 상당수가 로체스터 시에 거주하고 있었고, 자연스럽게 지역 사회와 깊은 유대 관계를 맺고 있었다. 때문에 위기 전략을 추진할 때도 로체스터 시민의 반응을 항상 염두에 둘 수밖에 없었다. 과감한 구조 조정은 처음부터 어려웠던 것이다.[44] 경기가 좋을 때 노조와 맺은 불리한 협약도 갈 길 바쁜 코닥의 발목을 잡았다.

부실한 성과로 자주 교체되었던 코닥의 최고 경영자들도 과감한 업종 전환을 추진하지 못했다. 현명하고 위기에 강한 리더라면 코닥이라는 브랜드 파워가 아직 유효하고 수많은 특허들의 효력도 남아 있을 때 획기적인 기업 변신의 대안을 고민했어야 했다. 그럼에도 불구하고, 그들이 시도한 것이라고는 그저 그런 평범한 회사들을 비싼 돈 주고 인수했다가 손해 보며 다시 매각한 것뿐이었다. 51억 달러나 지불하며 인수한 약품 회사인 스털링 드러그(Sterling Drug)가 대표적인 사례다.[45] 필름 사업을 하면서 다양한 화학 물질에 익숙했던 코닥은 문제없이 화학 약품 회사를 경영할 수 있으리라 오판했다. 하지만 약품 시장은 정부의 엄격한 규제와 함께 필름과는 전혀 다른 유통 채널과 까다로운 고객이 있는 곳이었다. 즐거운 마음으로 사진 찍는 고객들만 상대해오던 코닥으로서는 너무나도 생경한 시장이었다. 이 사실을 늦게서야 깨달은 코닥은 결국 스털링 드러그를 인수한지 6년 만에 반값에 매각 처분하였다.

큰 기대 속에 코닥의 최고 경영자로 부임했던 죠지 피셔 역시 과거에 붙잡혀 미래를 내다보지 못하는 패착을 되풀이했다. 그의 전략은 아날로그 필름을 디지털 기술과 연결하는 것이었다. 이렇게 하면 디지털 카메라 시장도 잡고 아날로그 필름 시장도 유지할 수 있다고 생각했다. 겉보기에는 그럴 듯 했지만 실상은 이도저도 아닌 어정쩡한 전략이었다.

그 결과 출시된 제품이 어드밴틱스 프리뷰(Advantix Preview)라는 카메라였다.[46] 이 카메라로 사진을 찍으면, 후면에 부착된 디지털 디스플레이를 통해 방금 찍은 사진을 바로 확인할 수 있었다. 그런데 디지털 기능은 그것이 다였다. 나머지는 여전히 코닥 필름을 사용해 인화하고 현상을 해야 했다. 말하자면 고객으로서는 디지털 카메라를 구매해 놓고도 여전히 필름을 사야 했고, 인화와 현상을 위해 추가로 돈을 지불해야만 했다. 사실상 어드밴틱스 프리뷰는 무늬만 디지털 카메라였다. 어처구니없게도 이 카메라를 개발하기 위해 쏟아 부은 자금만 무려 5억 달러에 달했다. 시장의 흐름을 놓친 채, 애꿎은 돈과 시간만 허비한 셈이었다.

쓰나미 같은 기술 혁신 앞에서 온전할 수 있는 기존 시장은 사실상 없다. 기업이 쓰나미처럼 덮쳐오는 기술 혁신 앞에서 살아남으려면 기술 혁신을 뛰어넘는 과감한 차별화 전략이 필요하다. 이를 두 가지로 요약해보자.

첫째, 기존 시장을 과감히 버리는 것이다. 기존 시장에서 재빨리 벗어나 안전한 신사업으로 신속히 이동해야 한다. 빠른 시간 안에 기존 시장에서 유동성을 확보하고, 이를 토대로 생존 기술을 개발해 다른 시장으로 움직여야 한다. 그럴 시간도 없다고 판단된다면, 기존 사업을 최대한 유리한 조건으로 매각하고 현금화한 뒤, 후일을 기약하여야 한다.

둘째, 쓰나미보다 더 높은 방파제를 쌓는 것이다. 즉, 곧 들이닥칠 기술 혁신의 여파로부터 안전한 기술력을 확보하기 위해 총력을 기울여야 한다. 더욱이 해당 기술을 단시간에 확보해야 하기 때문에 기존에 갖고 있던 기술 중 장점만을 몇 개 추려 신속하게 개발해야 한다.

이때 중요한 것이 바로 리더의 위기 리더십이다. 후지필름이 기존의 아날로그 필름 사업을 접고, 디지털 사업과 스킨케어 사업으로 돌아서는 데는 대략 3년이란 시간이 소요됐다. 그 기간은 디지털 쓰나미가 본격적으로 들이닥치면서 기존 시장을 초토화시킨, 2000년부터 2003년까지의 시간과 정확히 일치한다. 당시 후지필름의 총책임자가 시게타카 코모리였다. 그는 과감했으며 신속했다. 그리고 위기에 처한 기업을 성공적인 위기 리더십으로 진두지휘했다.[47] 그는 닥쳐올 위기를 극복하기 위해, 신속하게 유동성을 확보했다. 신규 시장에서 생존에 필요한 신기술을 확보하기 위해 확보된 유동 자금을 과감히 쏟아 부었다. 필요치 않은 인력, 부서, 관련 계열사들을 과감히 구조조정했으며, 생존을 위한 연구 개발에는 적극적으로 자금을 투자했다. 그의 이 같은 위기 리더십은 성공했고, 후지필름은 디지털 쓰나미에서 살아남을 수 있었다.

위기 리더십

—

위기 상황은 절박하다. 때문에 리더의 원초적인 모습이 그대로 노출되기 쉽다. 더구나 위기 상황에서 리더는 종종 치명적인 약점을 드러내기도 한다. 위기 시에 리더가 보여주는 약점은 그를 따르는 이들에게는 엄청난 실망과 좌절로 연결된다. 이러한 실망과 좌절이 조직 전체의 붕괴로도 이어질 수 있다. 따라서 위기 상황에서 리더

윈스턴 처칠

제2차 세계대전 당시 영국의 수상이었던 처칠은 탁월한 리더십으로 국란을 개척한 인물로 평가된다. 그의 솔직한 웅변은 비탄에 빠진 영국민들의 마음을 모으는 데 큰 기여를 했다. 사진은 1940년 11월 14~15일에 걸친 폭격으로 파괴된 코벤트리 대성당을 방문한 처칠의 모습.

덩케르크 전투(위)와 철수(아래) 당시 촬영 필름

독일군의 포위를 뚫고 덩케르크 철수 작전에 성공한 영국군들이 도버 해협을 건너기 위해 기다리고 있다.

가 보여주는 위기 리더십은 조직의 생존에 결정적이다.

그렇다면 이럴 때 리더가 선택해야 할 전략은 무엇일까? 우선 솔직하게 위기를 인정하는 것이다. 그리고 현재의 위기 상황에서 위기를 극복할 수 있음을 대내외적으로 천명해야 한다. 리더가 위기를 극복할 수 있다는 적극적인 자신감을 보여주는 것이야말로 흔들리는 조직의 분위기를 다잡는 데 결정적인 요소가 된다. 윈스턴 처칠이 유명해진 것은 제2차 세계대전이라는 국란에 처한 영국 국민들에게 위기 상황을 솔직히 인정하고, 이를 극복할 수 있는 지혜와 노력을 함께 모으자고 진술하게 호소했기 때문이다.

1940년 5월 27일, 영국·프랑스·벨기에·캐나다·네덜란드 군대로 구성된 약 40만 명의 연합군이 파죽지세로 진격해오는 독일군에 밀려 프랑스의 조그만 항구도시인 덩케르크(Dunkerque)에 갇혀버렸다. 만일 포위된 병력이 이대로 궤멸된다면 연합군 전체가 회복이 불가능할 정도였다. 이 같은 전대미문의 위기 상황에서 처칠은 영국 국민들에게 현 상황을 솔직히 알리고, 가용한 모든 선박의 동원령을 내렸다. 영국 국민들도 이에 적극 부응했다. 그들은 목숨까지 걸고 가용한 모든 선박을 총동원해 덩케르크 해변으로 달려갔다. 이런 노력으로 33만 8천 명의 연합군이 영국으로 무사히 탈출할 수 있었다.

덩케르크 철수 작전이 끝난 6월 4일, 처칠은 영국 하원에서 "우리는 해변에서 싸울 것입니다(We Shall Fight on the Beaches)"라는 유명한 연설을 했다.[48] 이 연설에서 처칠은 그 어떤 경우라도 항복은 있을 수 없으며, 바다, 섬, 해변, 하늘, 길거리, 벌판, 고개 등 그 어느 곳에서라도, 그 희생이 얼마가 되더라도 흔들리지 않는 믿음을 갖고 끝까지 싸우겠노라고 천명했다.

그는 연설 가운데 "We shall fight"라는 구절을 일곱 번이나 반복적으로 사용했다. 그는 이 단순한 문장 속에 리더로서 강력한 위기 극복의 의지를 심어 담음으로써 영국 국민들에게 이 위기를 극복할 수 있다는 희망을 전달했다. 그리고 이 연설은 그의 흔들리지 않는 소신과 비전을 보여준 명연설이 되었다. 이 연설을 통해 영국 국민들은 암담한 위기 상황 하에서도 흔들리지 않을 수 있었고, 자신들의 리더를 믿고 위기의 순간을 성공적으로 버텨낼 수 있었다.

위기 상황에서 리더가 종종 겪는 또 하나의 감정이 고립감이다. 위기 극복을 위한 논의와 실천이 거듭될 때마다 최종적인 의사 결정을 내리는 사람은 리더 자신이다. 그 결정의 무게가 그를 고립감에 빠지게 한다. 더욱이 위기 극복에 실패할지도 모른다는 막연한 두려움과 이를 타인에게 들키기 싫은 욕망이 리더의 고립감을 더욱더 부채질한다.

대한민국 사람으로서 이순신 장군을 모르는 사람은 없다. 임진왜란이라는 국가적 위기 상황에서 23전 23승이라는 기록을 세움으로써 나라를 절체절명의 위기에서 구해낸 분이다. 이순신 장군의 뛰어난 위기 리더십은 평소에도 철저하게 준비하는 근면한 자세에서 시작되었다. 『난중일기』의 임진년 4월 12일자 기록을 보면, 그는 거북선에서 병사들의 지자포와 현자포 발사 훈련을 진두지휘했다. 당시 조선의 조정은 왜의 침략 가능성을 놓고 한심한 갑론을박을 이어가는 와중이었다. 하지만 이순신은 달랐다. 임진왜란 발발일이 이틀날인 4월 13일이었으므로, 장군은 개전 하루 전까지도 병사의 전투력을 극대화하는 데 노력을 기울이고 있었다. 『난중일기』에 고스란히 담긴 이순신 장군의 세심한 준비 과정은 그가 얼마나 위대한 위기 리더십의 소유자인지 잘 보여주고 있다. 전함 관리, 성벽 수리, 무기 정비, 훈련 상태 점검 등 그는 모든 면에서 철두철미했다. 스스로 매일 활을 쏘며 심신을 단련했고, 기강이 해이해진 군인은 지위 고하를 막론하고 가차 없이 군법으로 다스렸다. 그의 위대한 위기 리더십은 이렇게 만들어졌다.

위기 상황에서 부하는 리더의 눈치만 살핀다. 리더의 약간의 흔들림도 그들은 민감하게 알아차린다. 리더에서 시작해 조직 전체로 번져나가는, 위기로 촉발된 부정적 감정의 전이인 씨넥(CINEC)[49]은 이렇게 촉발된다. 진정한 리더십은 위기에 처했을 때 도리어 빛나는 법이다. 모든 것이 정상적일 때는 아무도 그 중요성을 모르기 때문이다. 뛰어난 위기 리더십을 지닌 리더는 결코 씨넥을 허용하지 않는다. 그렇기 때문에 성공적인 위기 리더십에서는 반복적인 훈련과 대비가 중요하다.

어쩌면 위기는 리더에서 시작해 리더로 끝난다. 위기 경영에서

필사즉생, 필생즉사(必死卽生, 必生卽死)

"죽기를 각오하고 싸우면 살 것이요, 살려고 싸우면 죽을 것이다." 현충사 입구에 서 있는 이순신 장군의 글씨 비석. 글씨에서도 흔들림 없는 기상이 느껴진다.

잊어버려서는 안 될 명제이다. 준비되지 않은 리더는 위기 상황에 처한 조직을 더욱더 혼돈과 불안에 빠뜨릴 뿐이다. 반대로 준비된 리더는 같은 상황에서 두려움과 불안감에 떠는 조직에 희망을 가져다준다. 씨넥이 시작될 때 리더가 취할 첫 번째 방안은 명료하면서도 군더더기 없는 계획을 제시하는 것이다. 조직의 자신감은 그로부터 자연스럽게 만들어진다. 처칠이 그랬고, 카이사르도 그랬다. 이것이 위기 상황에서 조직이 씨넥으로 인해 좌초되는 것을 막는 첩경이다.

6장

준비된 리더와 위기 대응

준비된 자만이 위기를 극복할 수 있다. 기업이나 국가도 마찬가지다. 아무런 준비 없이 현재의 위기 상황이 지나가기만을 기다리는 기업이나 국가는 살아남기 어렵다. 메메드 2세는 오스만투르크의 젊은 술탄이었다. 그는 콘스탄티노플 공략을 위해 철저히 준비했다. 그 가운데 단연 돋보이는 것이 우르반 대포였다.

준비된 첨단 신무기, 우르반 대포

1453년 4월 6일, 오스만투르크의 술탄 메메드 2세는 육군과 해군을 총동원해 콘스탄티노플 성벽을 에워쌌다. 그가 이끌고 온 병력

규모는 어마어마했다. 육군은 8만 명의 정규군과 2만 명의 비정규군으로 구성됐고, 비장의 신무기인 우르반 대포로 무장하고 있었다. 메메드 2세가 친히 군함 제조를 지시했던 해군력 또한 막강했다. 여러 형태의 갤리선 군단과 푸스테라고 불리던 기동선 군단, 그리고 파란다리아라고 불리던 바지선 스무 척과 몇 척의 통신선까지 갖추고 있었다. 이에 맞서는 비잔틴 제국의 병력 규모는 초라했다. 무기를 들고 싸울 수 있는 병력이 7천 명에 불과했다. 기댈 곳이라곤 튼튼하게 지어진 콘스탄티노플의 성벽과 병사들의 굳은 신앙심뿐이었다.

우르반은 헝가리 태생의 대포 기술자였다. 헝가리가 기독교 국가였기 때문에, 그는 원래 콘스탄티노플에서 자기의 기술을 이용한 대포를 만들고 싶어 했다. 그러나 때가 좋지 않았다. 그가 콘스탄티노플에 머물면서 대포 제작에 대한 협상을 시도하던 시점이 하필이면 비잔틴 제국이 경제적으로 가장 빈궁하던 때였기 때문이다. 비잔틴은 그의 요구를 받아줄 형편이 아니었다. 그러자 우르반은 지체 없이 메메드 2세에게로 발길을 돌렸다. 이 같은 그의 선택은 천년 기독교 제국인 비잔틴의 멸망에 결정적인 역할을 하게 된다.

우르반 대포는 당시로서는 놀랄만한 파괴력을 지닌 무기였다. 우르반 대포의 포신은 대략 8.2미터, 포탄 무게도 600킬로그램이 넘었다. 대포를 옮기려면 700명의 병사와 황소 30마리가 필요했을 정도였다. 우르반 대포의 위력을 처음 시험하던 날, 포탄은 1.6킬로미터나 날아가 1.8미터 깊이의 포흔을 남기면서 땅에 꽂혔다고 한다. 당시 어떤 포(砲)로도 볼 수 없었던 위력적인 성능이었다.

사실 이 같은 우르반 대포는 메메드 2세의 혜안이 만들어낸 작품이었다. 당시 메메드 2세의 교사들 가운데 이탈리아 출신의 유대인으로서 이슬람으로 귀화한 야쿠브 파샤란 자가 있었다. 그는 메메드 2세에게 여러 가지 유럽 신문물을 소개해주곤 했는데,[50] 어느 날인가 메메드 2세에게 우르반이 설계한 신 개념 대포에 대해 설명을 했다. 메메드 2세는 이 대포의 가능성을 곧바로 알아차렸다. 그리고 우르반이 제시하는 조건보다 더 좋은 조건으로 대포를 만들 것을 지시했다. 훗날의 콘스탄티노플 공방전에서 핵심 전력을 담당할 최첨단 무기가 잉태되는 순간이었다.

1453년 4월 6일부터 시작된 오스만투르크의 콘스탄티노플 포위 공격은 거의 두 달간 이어졌고, 그 선봉에는 늘 우르반 대포가 있었다. 이 거포가 없었다면, 오스만투르크가 비잔틴을 함락하는 데 더 많은 시간이 소요됐을 것이다. 그렇게 되었다면 자칫 전세가 비잔틴 쪽으로 역전될 가능성도 배제할 수 없었다. 당시 교황과 베네치아에서 보낸 지원군과 구호물자가 콘스탄티노플로 향하고 있었기 때문이다.

우르반 대포의 가장 큰 공헌은 콘스탄티노플의 저 유명한 테오도시우스 삼중 성벽을 허물어뜨린 것이다. 비잔틴의 군대는 콘스탄티노플 방어 내내 포격에 허물어져버린 성벽 보수에 매달릴 수

우르반 대포

테오도시우스 성벽을 무너뜨린 우르반 대포는 엄청난 파괴력을 가지고 있었지만 장전하는 데만 세 시간이 걸렸다고 한다. 포탄의 강력한 파괴력으로 콘스탄티노플 공략에서 중요한 무기로 사용됐다. 사진은 우르반 대포를 모델로, 1464년 무니르 알리가 제작한 거포로, 이후 19세기 초 다르달네스 전투 당시 사용되어 다르달네스 포라고도 불린다.

밖에 없었고, 이로 인하여 전투력을 효과적으로 운용할 수 없었다.

테오도시우스 삼중 성벽은 테오도시우스 2세의 재위 시절(408~450) 안테미우스가 기존의 성벽을 보강해 다시 세운 성벽이다. 당시로서는 난공불락의 성벽이었다. 이 성벽은 삼각형 모양의 콘스탄티노플 육지 쪽 경계선을 따라 세워졌으며, 총 길이는 약 6.4킬로미터에 달했다. 18미터 폭으로 파인 해자를 따라 첫 번째 성벽이 서 있고, 그 바깥으로 너비 2미터 높이 약 7.5미터인 두 번째 성벽, 다시 너비 5미터 높이 약 12미터의 외성벽이 세 번째 성벽을 구성했다. 이렇게 촘촘한 방어벽으로 이뤄진 테오도시우스 삼중 성벽은 적군의 공격으로부터 비잔틴 제국을 여러 번 구해냈다. 비잔틴 제국도 때마다 성벽을 보수하는 데 정성을 기울였다.

그러나 문제도 있었다. 성벽이 워낙 견고하다 보니, 비잔틴은 이것만 믿고 군사력 증강에는 소홀했다. 제국의 역대 황제들도 로마 교황청과의 교리 싸움에만 매달리곤 했다. 그러다보니 1453년 4월에 메메드 2세가 10만 대군과 우르반 대포를 이끌고 테오도시우스 성벽 앞에 나타났을 때, 비잔틴 제국의 황제 콘스탄티누스 11세에게는 불과 7천 명의 병사들밖에 남아 있지 않았다. 이 병력으로는 수 킬로미터에 달하는 성벽 위에 보초를 세우기에도 역부족이었다. 그나마도 자체 병력은 적었고, 제노바와 베네치아 등지에서 참전한 자원병들이 많았다. 쇠잔해져가는 제국의 현실을 적나라하게 보여주는 모습이었다.

콘스탄티노플 삼중 성벽

아르카디우스 황제의 사후 그 아들 테오도시우스 2세가 일곱 살의 나이로 즉위하자, 당시 가장 훌륭한 행정가이자 외교관인 민정 총독 안테미우스가 섭정으로 일하게 된다. 당시 콘스탄티노플에서는 이미 고대부터 이어져온 성벽과 콘스탄티누스 대제가 직접 세운 성벽이 있었으나, 시가지가 너무 커져 이 성벽들로는 시가지를 충분히 방어할 수 없는 상태였다. 안테미우스는 시가지를 보호하고 방어하기 위해 서기 413년부터 성벽을 건설하게 되는데, 이후 테오도시우스 법전과 더불어 테오도시우스 2세의 가장 위대한 업적 중 하나로 남게 된다. 성벽의 위력은 매우 강력해서 제국이 외세의 침략을 받아 수도 목전까지 영토가 유린되었다 해도 이 성벽을 넘어 수도를 점령할 수 있었던 외국 군대는 14세기까지 없었다.

갈라타 언덕을 넘어간 전함

—

메메드 2세는 콘스탄티노플을 점령함으로써 자신의 불우했던 시절을 보상받고 본인이 능력 있는 술탄임을 주위에 증명해 보이고 싶었다. 그의 이러한 욕망은 매우 강했으며, 그가 콘스탄티노플을 공략하는 데 강한 동기 요소로 작용했다.

사실 삼각형 모양의 콘스탄티노플은 천혜의 요새 형 도시였다. 먼저 육지 쪽으로 가장 긴 빗변 부분은 테오도시우스 삼중 성벽의 군건한 보호를 받고 있었다. 1453년까지 그 어떤 이민족도 이 성벽을 넘어 들어와 콘스탄티노플을 점령한 적이 없을 정도였다.[51] 나머지 두 빗변 가운데 한쪽은 골든 혼을 끼고 있고, 나머지 한쪽은 마르마라 해에 면해 있었다.

골든 혼은 마르마라 해를 통해 도시로 들어오는 폭이 좁은 만(灣)이다. 따라서 만의 입구 쪽을 쇠사슬과 방어용 함선으로 막아 놓으면 만으로의 진입을 확실하게 차단하는 효과가 있었다. 그래서 골든 혼에 면한 방어용 성벽은 한 겹으로 되어 있었다. 마르마라 해 방면도 조류가 거세기 때문에 한 겹의 성벽으로 도시를 방어하고 있었다. 콘스탄티노플을 공격하는 공격자의 입장에서는 어지간한 해군력을 갖고 있지 않는 한, 골든 혼 방면과 마르마라 해를 통한 공격은 엄두를 낼 수 없었다. 따라서 좋으나 싫으나 테오도시우스 삼중 성벽이 지키는 육지 쪽을 집중 공격의 대상으로 삼을 수

포위

우르반 대포로 무장한 10만의 지상군과 강력한 함선을 보유한 오스만투르크 제국은 메메드 2세의 지휘로 비잔틴 공격을 시작한다. 이때가 1453년 4월 6일이었다. 그림은 파우스토 조나로 (Fausto Zonaro) 作,「콘스탄티노플을 포위한 메메드 2세」(1903).

밖에 없었다. 메메드 2세가 우르반 대포에 심혈을 기울인 이유가 여기에 있었다.

그러나 공격을 시작한 지 보름이 지나도록 테오도시우스 삼중 성벽에 막힌 육상 공격은 이렇다 할 진전이 없었다. 우르반 대포로 군데군데 성벽을 파괴했지만, 때마다 비잔틴 군대가 필사적으로 파괴된 곳을 보수했기 때문에, 성 안 진입은 여전히 어려웠다.

예로부터 콘스탄티노플은 바닷길을 통한 무역으로 먹고 사는 도시였다. 비잔틴 제국의 부는 마르마라 해와 골든 혼에 위치한 항구에서 이뤄지는 활발한 국제 무역을 통해 창출되었다. 이는 곧 콘스탄티노플로 통하는 가장 확실한 방법이 바닷길이라는 의미이기도 했다. 메메드 2세가 해군력을 강화하기 위해 무던히도 애썼던 이유가 여기에 있었다. 그런데 그의 이러한 희망을 한순간에 무너뜨린 사건이 일어났다.

당시 교황은 사면초가에 놓인 비잔틴 제국의 다급한 원조 요청에 세 척의 제노바 배를 동원해 무기와 군사, 그리고 구호물자를 실어 보냈다. 이 배들은 에게 해를 지나 콘스탄티노플로 들어가기 위해 반드시 거쳐야 하는 다르달네스 해협에 다다랐다. 정상적인 상황이라면 당연히 오스만투르크의 해군이 이 배들을 저지했을 것이다. 그런데 마침 콘스탄티노플 공략에 오스만투르크의 모든 해군 함선들이 투입되어 다르달네스 해협은 텅 비어 있었다. 교황이 보낸 세 척의 기독교 군대의 배는 이곳에서 식량 조달을 위해 비잔틴 제국이 시칠리아로 파견했던 수송선과도 만나, 이제 총 네 척이 되었다. 이 배들은 마르마라 해로 진입해 골든 혼으로 향하기 시작했다.

콘스탄티노플이 면한 보스포루스 해협, 마르마라 해, 그리고 골든 혼, 이 세 곳의 조류는 특이하다. 탁 트인 에게 해를 흐르다 다르달네스 해협의 좁은 바닷길을 만나 속도가 붙은 조류는 마르마라 해에서 잠시 숨을 고른다. 이 가운데 일부는 보스포루스 해협의 좁은 바닷길을 통과해 속도가 붙을 대로 붙은 상태에서 흑해로 들어가고, 또 다른 일부는 골든 혼 초입에서 한바탕 요동을 치면서 폭이 좁은 골든 혼으로 흘러든다. 이렇게 복잡한 조류 흐름 탓에 이곳은 고도로 숙련된 항해술이 요구되는 바다이다. 따라서 콘스탄티노플 부근의 거친 바다는 오스만투르크 군대에 비해 고도의 항해술을 가진 기독교 군대에게 여러 모로 유리했다.

4월 20일, 오스만투르크의 발토글루 제독이 이끄는 수십 척의 함선과 단 네 척의 기독교군의 함선이 콘스탄티노플 앞바다에서 일전을 치렀다. 누가 봐도 기독교군에게 절대적으로 불리한 해전이었다. 그러나 기독교군의 배는 오스만투르크의 배보다 높이가 높고, 항해술도 훨씬 뛰어났다. 여기에 오랫동안 사용해온 비잔틴 제국만의 비장의 무기가 있었다. 그리스의 불이라고 알려진 이 무기는 한번 물체에 닿으면 여간해서 꺼지지 않고 계속 타들어가는 성질을 가지고 있었다. 과거에도 이 무기는 외적의 침입으로부터 비잔틴 제국을 여러 번 구해낸 일등공신이었다.

　오스만투르크 해군은 함선 수는 훨씬 많았지만, 기독교군 배보다 높이가 낮아 대포의 효과를 제대로 볼 수 없었다. 더욱이 그리스의 불이 높은 위치에서 인정사정없이 쏟아져 내리고, 항해술이 미숙해 변화무쌍한 조류와 바람에 쉽게 휩쓸리기도 했다. 공격하는 모양새만 요란했지, 시간이 지날수록 오스만투르크 해군의 사상자 수는 점점 늘어났다.

　오전에 시작된 해전은 사방이 깜깜해져 피아를 분간조차 하기 어려울 때까지 이어졌다. 마침내 네 척의 기독교군 함선은 오스만투르크 해군에 막대한 타격을 입히고 큰 피해 없이 안전하게 골든 혼으로 진입하는 데 성공했다. 비잔틴 제국의 입장에서는 간절히 필요했던 무기와 병력 그리고 식량을 확보한 것뿐만 아니라, 바다에서는 오스만투르크군에게 밀리지 않는다는 자신감까지 확보한 1석 4조의 쾌거였다. 반대로 오스만투르크에게는 수모에 가까울 정도의 패배였다. 이날 전투에서 오스만투르크 해군의 사망자는 약 400여 명으로, 기독교군 사망자 23명에 비해 훨씬 많았다.[52] 이 패배를 통해 메메드 2세는 전세를 뒤집을 획기적인 작전이 필요하다는 것을 절감했다.

　이에 메메드 2세는 기발한 아이디어 하나를 떠올렸다. 보스포루스 해협에 발이 묶인 군함 수십 척을 육지 위로 끌어올려서 소의 힘을 빌려 갈라타 언덕을 넘은 뒤, 반대편의 골든 혼으로 운반하는 계획이었다. 이렇게 하면 육지와 바다 양쪽에서 콘스탄티노플을 효과적으로 공략할 수 있었다.

당시 갈라타 지역은 비잔틴 제국이 무역을 통해 안정적인 세원을 확보하기 위해 강국이었던 이탈리아의 도시국가 제노바에게 임차해준 지역으로, 비잔틴 시절에는 페라라고 불렸던 지역이었다. 여기서 약간 떨어진 곳에 가파른 갈라타 언덕이 있다. 해발 약 61미터인 이 언덕은 경사가 상당히 급하다. 갈라타 언덕 꼭대기에는 오늘날 이스탄불의 명동이라 불리는 탁심 광장이 있다. 그곳에서 잠깐 숨을 고르고 카심파샤라는 낮은 지대로 내려가면 바로 골든 혼에 다다를 수 있다.

4월 23일, 비잔틴 제국의 병사들은 눈앞에서 벌어지는 놀라운 광경에 경악했다. 오스만투르크의 대군이 크고 작은 배 70척을 보스포루스 해협에서 갈라타 언덕 꼭대기까지 황소와 인력으로 끌고 오르더니 다시 골든 혼 쪽으로 내려가는 것이었다. 이렇게 오스만투르크의 해군 함선들은 골든 혼 안으로 성공적으로 진입했다. 이 한 번의 과감한 의사 결정으로 메메드 2세는 4월 20일 해전의 패배로 저하된 아군의 사기를 다시 끌어올리는 데 성공하였다. 이제 비잔틴은 육상의 테오도시우스 삼중 성벽에만 의지할 수 없게 되었다. 그동안 안전지대라 여겨지던 골든 혼 쪽 해안선도 방어해야 하는 부담이 생긴 것이다.

언덕을 넘어간 함선

사람과 소가 이끌고 갈라타 언덕을 넘어간 오스만투르크의 함선은 신의 한수라 불릴 만큼 혁신적인 아이디어였다. 메메드 2세의 이러한 전략은 준비된 리더가 보여준 위기 대응의 결과였다. 그림은 파우스토 조나로(Fausto Zonaro) 作,「콘스탄티노플 함락 직전의 메메드 2세」.

총공격 그리고 함락

드라마틱하게 골든 혼으로 해군 함선을 옮기고 나자, 오스만투르크는 세 방향—유럽 쪽 육상, 마르마라 해, 골든 혼—에서 콘스탄티노플을 포위 공격할 수 있는 여건을 확보했다. 이제 아군끼리 어떻게 호흡을 맞추어 효과적으로 공격을 하는가의 문제만 남았다. 하지만 메메드 2세도 마냥 마음을 놓고 있을 수 있는 처지는 아니었다. 갈라타 육상 경로를 따라 골든 혼 안으로 해군을 투입시킨 것은 성과인 것은 틀림없지만, 여전히 콘스탄티노플 성벽은 난공불락이었다. 한 달을 훌쩍 넘긴 채 성과 없이 애꿎은 시간만 끄는 공방전이 계속되자, 오스만투르크군의 지도부에서는 내부 분열의 조짐까지 생겨났다.

신하들 사이에서도 전쟁을 계속해야 한다는 주전파(主戰派)와 협상을 해야 한다는 비전파(非戰派) 간에 갈등의 골이 깊어지고 있었다. 자칫하다가는 아군의 희생만 치른 채, 기독교 국가 연합군이 들이닥칠지도 모르는 상황이었다. 이것이 메메드 2세가 가장 우려하는 최악의 시나리오였다. 어떡해서든지 이 전쟁을 빨리 끝내야 했다. 이에 중신 회의를 소집한 메메드 2세는 주전파와 비전파간 논쟁을 모두 들어본 뒤에, 콘스탄티노플을 반드시 점령해야 한다는 자신의 뜻을 다시 한 번 분명히 했다.

술탄은 총공격 준비에 여념이 없는 부하들에게 강력한 당근을

총공세

콘스탄티노플의 삼면은 오스만투르크에 의
해 완벽하게 포위됐다. 성벽에는 포탄이 쏟아
졌고, 오스만투르크 함선들은 골든 혼과 마르
마라 해를 온통 에워쌌다.

하나 던졌다. 콘스탄티노플을 점령하면 3일간 마음껏 약탈할 수
있는 기회를 주겠다는 내용이었다. 그리고 5월 28일을 휴식과 속
죄의 날로 선언하고, 이튿날 있을 총공격에 앞서 마음의 준비를 단
단히 하도록 했다. 술탄은 호위대를 이끌고 전군을 시찰하면서 일
일이 작전 지시를 했다. 바다와 육지를 가리지 않고 콘스탄티노플
전 지역에 쉴 새 없이 공세를 퍼부어 비잔틴 제국군의 피로감을 극
대화하겠다는 것이 작전의 핵심이었다. 비잔틴 제국군도 나름대로
마지막 결전을 준비하고 있었다. 부족한 식량과 무기, 그리고 현저
한 전력 열세로 인해 고통 받고 있지만, 제국군 입장에서는 기도와
찬송이 유일한 위안이었다.

5월 29일 새벽, 억수 같은 소나기를 뚫고 오스만투르크의 총공세가 시작됐다. 육상에서 술탄은 비정규군 부대인 바시 바조우크를 투입해 기독교군의 진을 뺀 다음, 곧바로 아나톨리아 지역에서 뽑아 훈련시킨 정규군 부대를 투입했다. 마르마라 해와 골든 혼 쪽에서도 총공세를 펼쳤다. 바시 바조우크 부대의 공격이야 비잔틴 제국군의 힘을 뺀다는 전략적 이유가 있었다 치더라도, 아나톨리아 부대마저 이렇다 할 승기를 잡지 못하자 술탄은 초조해졌다.

마지막 남은 카드는 예니체리 부대뿐이었다. 오스만투르크가 자랑하는 최정예 군사들로 구성된 이 부대도 확실한 성과를 내지 못한다면, 이번 콘스탄티노플 공격은 사실상 실패할 공산이 컸다. 이렇게 되면 술탄의 국정 장악력에 문제가 생길 수밖에 없고, 중신들을 결집하는 데도 문제가 생길 수 있었다. 전임 술탄인 무라드 2세 때부터 재상을 지낸 할릴 파샤와 같은 온건파 중신은 비잔틴 제국과의 외교적 우호 관계가 오스만투르크에게 유리하다는 입장을 일관되게 주장하고 있었다.

새벽 1시쯤 시작된 총공세는 어느새 네 시간 넘게 이어지고 있었다. 그런데 동이 틀 무렵, 사소한 사건 하나가 벌어졌다. 그러나 그 결과는 엄청났다.

테오도시우스 삼중 성벽이 끝나는 마누엘 콤네노스 성벽 모퉁이 성탑 아래에, 예로부터 기독교군들만 알고 있는 케르코 포르타라는 조그만 비상문이 하나 있었다. 전투가 한참 벌어질 때 기독교군은 이 문을 통해 적군 몰래 빠져나가 적의 측면이나 후방을 공격하곤 했다. 그런데 그날따라 기독교군들이 경황이 없었는지 누군가 깜빡 잊고 이 문을 잠그지 않았다.[53] 이 사실을 눈치챈 오스만투르크군 50여 명이 기독교군 몰래 이 문을 통해 성 안으로 들어가는 데 성공했다. 화들짝 놀란 기독교군이 이들을 다시 문 밖으로 밀어내면서 이 문 근처에서 양측간에 혼란스런 교전이 벌어졌다.

이 혼돈의 순간에 기독교군에게 치명적인 사건이 일어났다. 오스만투르크군이 쏜 포탄에 제노바 출신의 장군 주스티니아니가 부상을 입은 것이다. 지금껏 사실상의 기독교군 총사령관이자 정신적 지주로 활약해온 그가 이 결정적 순간에 부상을 입고 골든 혼에 정박해 있던 제노바 선박으로 후송되었다. 그와 함께 용맹하게 싸워온 700명의 제노바 병사들도 그가 전투 현장에서 벗어나 제노바 선박으로 옮겨지자 그와 함께 전선에서 이탈하기 시작했다. 이에 그를 믿고 따르던 기독교군도 크게 흔들리며 전의를 상실해버렸다. 한번 흔들린 기독교군의 사기는 걷잡을 수 없는 지경까지 추락했다.

오스만투르크군은 이 기회를 놓치지 않고 사력을 다해 기독교군을 공격했다. 몇몇은 케르코 포르타 위쪽 탑에 올라가 방금 전까지 여기에 걸려 있던 비잔틴 제국의 깃발을 끌어내리고 오스만투르크군의 깃발을 내걸었다. 이로써 이 전투가 결국 기독교군의 패배로 끝났다는 비관론이 기독교군 사이에 삽시간에 퍼지면서 그때껏 분전하던 비잔틴 제국의 군대는 순식간에 무너져내렸다. 이 틈을 타 예니체리를 앞세운 오스만투르크군은 성 안으로 들이닥쳤고, 끔찍한 살육과 약탈이 천년 고도 콘스탄티노플을 휩쓸었다. 비잔틴 제국이 역사에서 사라지는 순간이었다.

위기 대응에 성공한 장진호 전투

전쟁의 혼란 속에 빛났던 위기 리더십의 사례는 우리 현대사 속에도 있다. 1950년 북한의 기습적인 남침으로 시작된 6.25전쟁은 발발 초기 두 달 동안 북한군의 파죽지세가 이어졌다. 그러나 9월 15일, 인천상륙작전으로 승기를 회복한 유엔군은 38선을 넘어 북으로 진군했다. 패잔병 신세로 몰린 북한군은 압록강까지 쫓기는 신세가 됐고, 전쟁은 성탄절 이전에 끝나는 분위기였다.

이때 유엔군 총사령관 맥아더는 두 가지 치명적인 실수를 저지른다. 첫 번째 실수는 전선 곳곳에서 입수되는 중공군 개입의 징후를 무시한 것이다. 게다가 평양까지 밀고 올라간 유엔군의 우측면을 보호하기 위해 미 해병 1사단과 미 육군 32연대를 진격 부대에서 빼내 한반도 동쪽 원산 부근에 배치하였다. 현재 전투가 진행 중인 전장에서 군대를 분산시키는 것은 매우 위험하다. 이것이 성탄절 이전에 전쟁을 매듭짓고자 초조해진 맥아더가 저지른 두 번째 실수였다.

장진호 전투 중 중공군 저지선을 뚫고 이동하는 미 해병대

1950년 겨울, 미 해병 1사단이 개마고원 장진호에서 중공군 제9병단에 포위되어 전멸 위기를 겪다가 성공적으로 포위망을 뚫고 흥남부두로 철수한 작전이다. 이 작전의 성공으로 한국군과 유엔군, 피난민 등 20만 명이 남쪽으로 철수할 수 있었으며, 서부 전선의 미 8군이 중공군을 방어할 수 있었다.

1950년 11월 말이 되자 전쟁의 양상은 맥아더가 기대하던 바와는 전혀 다르게 전개됐다. 압록강까지 진격해오는 미군과 유엔군에 맞서기 위해 중공군 20만 명이 야음을 틈 타 압록강을 건너왔다. 이 가운데 10만 명은 평양 북부의 운산, 군우리 부근에, 6만 명은 한반도 동부의 장진호 부근에 매복하고 미군과 연합군의 북상을

장진호 철수 작전을 지휘한
올리버 스미스 장군

기다렸다. 마침내 운산과 군우리 전투에서 미 8군과 유엔군은 인해전술로 밀어닥치는 중공군에 의해 궤멸적인 패배를 당한다.

비슷한 시기 이 상황을 알 리 없는 동부 전선의 미 해병 1사단과 미 육군 32연대, 그리고 영국의 특수전 담당 코만도 부대는 장진호로 진격해 들어가고 있었다. 당시 미 해병 1사단장 올리버 스미스 장군은 느낌이 좋지 않았다. 이렇게 일정에 쫓겨 준비 없이 적진으로 들어가는 공격은 적의 매복 공격에 당하기 십상이라는 것을 그는 오랜 경험을 통해 알고 있었기 때문이다. 그래서 원산에서 흥남, 함흥, 수동 계곡, 고토리, 황초령 고개, 하갈우리, 덕동고개를 거쳐 유담리까지, 그는 명령 불복종이 아닌 선까지 최대한 속도

를 줄이면서 천천히 장진호로 향했다. 거쳐 가는 주요 주둔지마다 보급품을 비축해두고 만일의 사태에 대비했다.

올리버 스미스 장군은 장진호 바로 앞 하갈우리 마을에 대형 병참 기지를 구축하고, 공군 지원이 가능한 임시 비행장을 만들라고 지시했다. 이 비행장의 건설은 추후 아군에게 결정적인 작전상의 우위를 가져다주었다. 차량 한 대나 겨우 지나다닐 만한 좁은 산길밖에 없는 장진호 부근의 도로 상황을 감안할 때, 만일 중공군과 교전이 시작된다면 교통로가 사실상 마비될 것을 미리 예측한 것이었다. 하늘 길을 열어놔야만 중공군의 공격을 피해 부상병을 후송하고, 보충병과 군수 물자도 외부로부터 공급받을 수 있기 때문이다. 이 같은 올리버 스미스 장군의 위기 예방 노력은 장진호 전투에서 미 해병 1사단이 무사히 중공군 포위망을 뚫고 흥남 부두를 통해 철수할 수 있는 원동력이 되었다.

장진호 서쪽 유담리까지 진격한 미 해병 5연대, 7연대, 11연대는 11월 27일부터 중공군의 대대적인 매복 공격을 받았다. 올리버 스미스 장군의 예측대로, 중공군의 공격이 시작되면서 함흥에서 유담리까지 이르는 전 도로가 중공군에 의해 조각난 채 철저히 차단됐고, 모든 도로의 능선마다 중공군이 매복하고 있었다. 미 해병대는 중공군과 필사적인 전투를 치러가면서 하갈우리까지 후퇴했고, 그곳에서 임시 비행장을 통해 들어오는 공군력을 이용하여 부상자 후송, 보충병 충원, 그리고 무기와 탄약 등을 재충전하였다.

이후 재정비된 전력을 바탕으로, 중공군의 공격을 효과적으로 무력화하였고, 흥남 부두에서 10만 명의 북한 주민들과 함께 무사히 빠져나올 수 있었다.

11월 27일부터 12월 24일까지 약 한 달간 치뤄진 전투에서 미 해병 1사단 1만 8천 명의 병력 가운데 약 4천 명이 사망하거나 동상에 걸려 후송되었다. 하지만 올리버 스미스 장군의 혜안과 뛰어난 위기 리더십 덕분에 미 해병 1사단은 그 열 배 규모의 중공군과 싸워 이겼다.

반면 장진호 전투에서 미 해병 1사단과 정면 대결한 중공군은 궤멸적인 타격을 입고, 이후 상당 기간 사실상 전투력이 마비되었다. 매복 작전을 통해 미군에게 치명적인 타격을 안기려 했던 중공군이 오히려 올리버 스미스 장군의 현명한 판단과 위기 리더십에 쓰라린 패배를 당한 셈이었다. 올리버 스미스 장군의 뛰어난 위기 리더십이 아니었다면, 장진호 전투에서 미 해병 1사단은 소생 불가능한 패배를 당했을 것이다. 당시 미 해병 1사단의 전투력은 연합군 전력의 상당 부분을 차지할 정도로 중요했기 때문에, 이 전투에서 미 해병 1사단이 위기 극복에 실패했다면, 지금 우리는 전혀 다른 세상에서 살고 있을지도 모를 일이다. 당시 신생 국가였던 대한민국으로서는 절체절명의 위기 상황이었다.

7장

총체적인 위기관리

기술 혁신이 이뤄질 때마다, 준비가 미흡한 기업들은 시장에서 사라진다. 그리고 시장질서가 재편된다. 이같이 변화와 혁신의 물결은 기업에게 늘 위기의 모습으로 다가온다. 본질상 위기란 언제 어디서 어떤 모습으로 나타날지 모른다. 기업의 위기 경영 마인드가 항상 깨어 작동하고 있어야 하는 이유이다. 이는 기업의 생존과도 직결되는 문제이기 때문이다.

지금까지 비잔틴 제국의 멸망 과정을 따라가며 위기 경영과 위기 리더십에 대해 설명하였다. 그리고 위기 경영에 성공하거나 실패한 몇몇 기업들도 언급하였다. 이제 다시 한 번 그 핵심을 추려, 총체적인 위기 경영의 엣센스를 조망해보자.

위기 예측—극복 전략—선제 대응

—

이미 시작된 위기는 경영 지표의 하락으로 확인할 수 있다. 매출과 영업 이익, 시장 점유율, 주가, 브랜드 파워 등, 위기는 기업 성과 관련 수치들의 하락으로 나타난다. 그러나 정작 중요한 것은 위기를 사전에 예측하고 이에 늘 대비해야 한다는 사실이다.

그러나 엄밀히 말해 위기가 언제 닥칠지 확실히 예측하는 방법은 없다. 다만 과거의 사례(데이터)를 통해 위기의 전조를 최대한 분석하여 그에 대응하는 것이 최선이다.

기업의 여러 가지 씨피트 사례들은 위기 경영 및 위기 리더십을 설명할 때 좋은 소재가 된다. 튼튼하던 기업이 갑자기 위기 상황에 처하면서 순식간에 파산에 이르는 안타까운 현실이 여기에 고스란히 담겨 있기 때문이다.

산업의 '주변부'에서 일어나는 최근 소식들을 늘 관찰해두는 것도 위기 예측에 큰 도움이 된다. 주변부란 현재 시장을 주도하는 기술·서비스·제품은 아니지만, 곧 그럴 가능성이 있는 신기술·신서비스·신제품을 의미한다. 이들은 향후 10년 내에 주류가 될 가능성이 높다. 쉬운 사례로, 현재 십대들이 향후 10년 뒤에는 시장의 젊은 소비층을 대변할 것이다. 따라서 현재 십대의 문화 패턴과 소비 성향을 미리 파악해두는 것은 향후 그들이 사회의 중심부가 되었을 때 시장에서 발생할 수 있는 새로운 유형의 위기(미래)를 대비하는 데 도움이 된다.

역사는 주변 세력이 중심 세력을 대체하는 사건들로 채워져 있다. 대체의 속도와 변화의 진폭만 사정에 따라 달랐을 뿐이다. 예컨대 로마에서 원로원 중심의 공화정이 카이사르에 의해 황제정으로 바뀐 것도 주변부가 중심부를 대체한 역사적 사건 중 하나이다. 기업의 차원 역시 이와 마찬가지다. 경영의 세계에서는 기존 기업이 새로운 기업으로 대체되고, 기존 제품과 서비스가 신제품과 향상된 서비스로 늘 대체된다. 이것을 인정하는 것이 위기의 본질을 이해하는 첩경이다.

앞으로 다가올 위기든 이미 시작된 위기든, 이에 대한 구체적인 위기 극복의 전략이 있어야 한다.

마이크로소프트사가 개인용 컴퓨터의 운영 체제를 거의 독점하고 있을 때, 세계 최초로 개인용 컴퓨터를 생산한 바 있는 아이비엠사는 이에 위기의식을 느끼고 대항 운영 체제인 OS/2를 출시했다. 흥미로운 것은 아이비엠사가 이 운영 체제를 개발하기 위해 경쟁 기업이나 마찬가지인 마이크로소프트사와 손을 잡았다는 점이다. 하지만 마이크로소프트사가 윈도우 3.x 시리즈와 윈도우 NT를 출시하자 시장은 완전히 윈도우 운영 체제 쪽으로 돌아섰다. 아이비엠사의 OS/2가 시장에서 철저히 외면당한 것이다. 끝내 아이비엠사는 패배를 인정하고, 2005년 개인용 컴퓨터 사업부를 중국 레노버사에 매각하고, 이 시장에서 철수했다. 이때까지 아이비엠사가 OS/2에 쏟아 부은 돈은 약 20억 달러였다. 경쟁력 없는 제품 개발에 천문학적인 규모의 자금만 낭비한 셈이었다.[54]

위기 극복을 위한 전략은 내가 잘 해오던 것을 토대로 설계되어야 한다. 아이비엠사는 운영 체제가 아니라 컴퓨터 하드웨어를 설계하는 데 경쟁력이 있었다. 그럼에도 불구하고 운영 체제에 매달렸다. 실패는 예견된 것이었다.

후지필름은 이와 정반대의 길을 걸었다. 후지필름은 자기가 가장 잘 아는 것을 토대로 강점을 강화하는 데 주력했다. 필름을 만들면서 축적된 노하우(20여만 가지의 화학 물질 성분 데이터)를 바탕으로 항노화 스킨케어 제품과 엘시디(LCD) 평판 시각 확장용 특수 필름을 개발해, 디지털 시장에서 살아남을 수 있는 신제품 출시에 성공했다. 그리고 아날로그 필름 시장을 과감히 포기하고 디지털 시장에서 당당히 살아남았다. 이를 위해 약 2조원의 자금을 썼지만, 그 투자는 더 큰 열매로 돌아왔다. 위기 극복의 전략이 어떤 내용으로 구성돼야 하는지 잘 보여주는 사례가 아닐 수 없다.

위기는 닥쳤을 때 대응하는 것도 중요하지만, 이를 사전에 예방하여 아예 발생하지 않도록 하는 것이 더 효과적이다. 이를 위해서는 위기 발생의 소지가 있는 모든 원천 요인들을 찾아내 지속적으로 관리해야 한다.

위기 요인은 속성상 겉으로 크게 드러나지 않는다. 눈에 띠지 않고 관심 밖에 놓여 있기 때문에, 평소에 인식하지 못한다. 하지만 대부분의 대형 항공 사고가 정비상의 작은 실수나 사소한 구조물 오류에서 시작되듯이, 이렇게 작은 원인들에서 비롯되는 위기를 예방하기 위해서는 지속적인 모니터링과 선제적인 대응이 필수적이다.

물론 보이지 않는 위험 요인을 찾아내는 것은 결코 쉬운 일이 아니다. 대부분의 위기 예방 노력이 현실 세계에서 인기가 없는 이유도 당장 닥치지 않은 위기가 멀게 느껴지기 때문이다. 보이지 않는 위기에 대비하려는 노력은 시간과 예산의 낭비로만 비칠 뿐이다. 하지만 위기 리더십을 갖춘 리더라면, 위기 예방 노력에 최선을 다해야 한다. 이는 조직의 생존과 직결된 것이기 때문이다.

위기관리 매뉴얼

위기 경영에는 위기 대응 매뉴얼이 필수적이다. 이것은 언젠가 일어날지도 모를 위기 사태에 대비해, 여러 차례의 시뮬레이션과 철저한 분석을 거쳐, 그 여파를 최소화할 수 있는 행동 지침들을 정리해놓은 것이다. 이 매뉴얼을 준비하는 것 자체가 일종의 위기 훈련이자, 궁극적으로는 위기를 경영하는 셈이 된다. 글로벌 리딩 기업의 경우 다양한 형태의 위기 대응 매뉴얼을 갖고 있으며, 해당 매뉴얼은 실제 위기 상황에서 상당한 효과를 발휘한다.

예컨대 2009년 1월 15일에 일어났던 '허드슨강의 기적'이라는 항공 사고 사례를 보자. 이 사건의 당사자였던 유에스에어웨이즈 (US Airways)사는 혹시 일어날지 모르는 항공 사고에 대비한 위기 대응 매뉴얼을 잘 준비해놓고 있었다. 그 매뉴얼의 핵심 키워드는 신속 대응 그리고 고객 감동이었다.

때는 겨울 추위가 기승을 부리던 2009년 1월 15일 오후 3시 26분이었다. 뉴욕 라구아디아 공항에서 노스캐롤라이나 샬롯을 향해 이륙한 유에스에어웨이즈사의 1549편 항공기는 정상 고도를 잡기 위해 고속으로 부상 중이었다. 그런데 갑자기 나타난 기러기 떼가 항공기의 양쪽 엔진 속으로 빨려 들어가면서 동력이 모두 상실되는 뜻하지 않은 사고가 발생했다. 한창 이륙 중이었기 때문에 고도도 확보하지 못한 1549편 입장에서는 너무나도 급작스런 사고였고, 주변 공항으로 회항하는 것도 불가능했다.

당시 기장이었던 첼시 설리 설렌버거는 혹시라도 있을지 모를 인명 피해를 최소화하기 위해 허드슨 강 위로 불시착을 시도했다. 그리고 다행히 그 시도는 성공했다. 급히 달려온 구조 요원들의 도움으로 승객과 승무원들은 모두 안전하게 구조되었다. 일견 큰 피해 없이 잘 마무리된 것으로 보이는 이 사고의 진정한 위기 관리는 이때부터 시작되었다.

사고 소식을 접한 유에스에어웨이즈사의 최고 경영자 더그 파커는 자기 사무실을 사고 해결을 위한 컨트롤타워로 급거 변환한 뒤, 사고 해결을 위해 몸소 진두지휘에 나섰다. 이로써 사고 초기

허드슨 강의 기적

위기 상황에서도 차분한 리더십으로 모든 승객을 구해낸 기적은 「설리, 허드슨 강의 기적」이란
영화로도 만들어졌다.

에 있을지 모를 의사 결정 과정의 혼선을 미연에 차단했다. 그리고 위기 대응 매뉴얼에 따라 케어 팀과 가족 지원 핫라인을 가동했다.

사고 관련 악성 루머들을 막고 정확하고 신뢰성 있는 소식을 전하기 위해, 사고 발생 30분 만에 언론과 고객을 위한 웹사이트를 개설했다. 구글, 야후 등의 포털 사이트에서 사고와 관련된 키워드를 최대한 구매해, 해당 키워드로 검색하고 들어오는 인터넷 사용자들이 회사가 만든 공식 웹사이트로 연결되도록 조처를 취했다. 사고 발생 90분 후에는 최고 경영자가 직접 언론을 상대로 브리핑을 하였고 모든 상황이 회사에 의해 효과적으로 통제되고 있음을 대중들에게 인식시켰다.

한편 뉴욕으로 급파된 케어 팀은 사고를 당한 고객들이 시급히 필요할 물건들을 준비했다. 즉, 1인당 5천 달러 상당의 현금과 휴대폰, 속옷, 신용카드 등을 준비했고, 심지어 자물쇠 전문가까지 대기시켰다. 이번 사고로 집 열쇠나 자동차 열쇠 등을 잃어버렸을지 모를 고객들을 위한 세심한 배려였다. 이들은 뉴욕에 도착하자마자 시내 호텔을 예약해 사고를 당한 승객들이 편안히 쉴 수 있도록 했다. 호텔에 머물기를 원치 않는 승객들에게는 원하는 목적지까지의 교통 편—렌터카, 기차표 등—이 따로 제공되었다.

또한 사고를 당한 승객의 가족이 불안해 할 것을 염려해 이들을 위한 핫라인을 개설했고, 급하게 비행기에서 빠져나오느라 놓고 내린 모든 수하물은 전량 수거한 뒤 깨끗이 세탁해 승객들에게 직접 배송했다. 사고를 당한 승객들에게는 1년간 유에스에어웨이즈사의 최우등 고객 멤버십을 제공함으로써 사고 이후에도 변함없이 당사를 이용할 수 있는 동기를 부여했다. 유에스에어웨이즈사의 이 같은 치밀하고 고객 지향적인 위기 대응 전략은 이후 위기 대응 매뉴얼의 대표적인 모범 사례가 됐다.

위기 경영의 일곱 가지 엣센스

위기관리 프로세스와 구체적인 위기 대응 매뉴얼은 모두 효과적인 위기 경영을 위한 액션 플랜이다. 하지만 막상 위기가 시작되면, 평정심을 상실하고 허둥대기 쉽다. 따라서 위기 리더십은 다음과 같은 일곱 가지 위기 경영 엣센스를 실천할 필요가 있다.

첫째, 단순화의 법칙을 기억하라.

위기가 닥쳤을 때, 사전에 충분한 준비가 돼 있지 않은 리더는 머리가 복잡해진다. 이는 실패의 전조다. 이때는 오히려 생각과 판단이 단순해야 한다. 그래야 위기 극복을 위한 필수 전략들이 신속히 구사될 수 있다. 차량 사고나 화재 사고가 났을 때 귀중품을 가지러 다시 돌아가지 말라는 충고를 기억할 것이다. 이 상황에서 가장 우선에 둬야 하는 건 안전한 탈출이다. 그것보다 우선시 돼야 할 것은 없다. 코닥은 필름이 필요 없는 디지털 카메라가 시장을 강타했을 때, 머리가 복잡해졌다. 기존 필름 시장에서 벌어들이는 수익을 놓치기 싫었기 때문이다. 결국 아날로그 필름과 디지털 카메라를 어설프게 결합하는 미봉책만 남발하면서 금쪽같은 현금과 시간을 탕진했다. 목숨과 안전이 급선무일 땐, 목숨과 안전만 생각해야 한다.

둘째, 위기 시 위기 경영 전략은 이해 관계자들의 조직적인 저항을 이겨낼 정도로 과감해야 한다.

기존의 이해 당사자들은 기존 질서의 급격한 변화를 바라지 않는다. 기득권을 지키고 싶기 때문이다. 그러나 위기가 닥치면 리더는 기득권 보호를 염두에 둔 안일한 전략이나 성장을 가장한 미봉책을 단호히 배척해야 한다. 때로는 기존 시장을 과감히 포기하는 결단이 필요하다. 특히 위기 상황에서는 더욱더 그러한 결단이 필요하다. 이럴 때 기득권을 지키려는 조직의 저항은 심해질 수밖에 없다. 그럼에도 불구하고 위기 시 리더는 필요한 위기 경영 수행에 머뭇거려선 안 된다.

셋째, 위기 극복 전략은 현실적이어야 한다.

위기 극복 전략은 단계별로 구체적일 필요가 있다. 그래야 위기가 통제된다. 위기 극복 전략이 종종 실패하는 이유는 위기를 인정하면서도 그 극복의 전략이 밋밋하기 때문이다. 현실적인 위기 극복 전략은 치밀할 정도로 구체적이어야 한다.

넷째, 현재의 위기가 양성 위기인지를 파악하라.

기존 비즈니스 모델 내에서 극복 가능한 위기라면, 이는 양성 위기에 해당한다. 이런 경우는 기존 전략의 틀 내에서 자산 매각, 감원 등의 방법으로 위기 극복이 가능하다.

다섯째, 악성 위기인 경우는 기존 시장에서 탈출하는 것이 좋다.

예컨대 기존 사업의 틀을 유지하는 형태로는 극복할 수 없는 위기라면 악성 위기인 경우다. 악성 위기 상황에서는 회사 자체를 매각하는 등의 극적인 탈출만이 유일한 생존 전략이다. 이에 대한 반면교사가 코닥의 경우이다.

여섯째, 둠즈데이(Doomsday) 시나리오를 작성하라.

둠즈데이란 최후의 날을 의미한다. 즉, 최악의 상황이 전개될 때 현재의 사업 모델이 얼마나 빨리, 그리고 얼마나 철저하게 파괴될 수 있는지 미리 상세히 기술해보는 것이다. 그리고 현재의 시장 상황과 비교해본다. 이렇게 하면 둠즈데이가 다가오는 속도와 그에 대한 대처의 정도를 어느 정도 가늠해볼 수 있다. 둠즈데이 시나리오를 구체적이고 현실적으로 준비해둔다면, 실제로 그와 유사한 위기가 닥쳤을 때 패닉에 빠지지 않고 침착하게 대응할 수 있다. 현재 사업이 잘 된다고 이 호황이 영원히 지속될 것처럼 착각해서는 안 된다.

일곱째, 성장이 우선인지 생존이 우선인지 분명하게 판단하라.

위기가 닥쳤을 때 성장과 생존이 동시에 가능한 경우는 많지 않다. 만약 성장과 생존을 함께 추진해도 생존이 가능한 상황이라면, 그 위기는 진짜 위기가 아니라 사업상 늘 존재하는 경기 사이클의 영향일 경우가 많다. 경기는 일반적으로 호황과 불황을 반복하기 때문에, 불황을 꼭 위기라 하지는 않는다. 단지 사업이 어려울 뿐이다. 마치 가뭄과 우기가 극단적으로 병존하는 자연환경에서 동식물들의 적응 방법—가뭄에는 최대한 에너지를 아끼면서 생활하고, 우기에는 충분히 에너지를 보충해두는—과 유사한 측면이 있다. 어느 산업에서든 불황과 호황은 있기 마련이다. 하지만 위기는 기업의 생존을 위협하는 상황을 의미한다. 예컨대 불황이 회복 불가능한 상황까지 이르는 경우이다. 이때는 모든 전략이 생존에 맞춰져야 한다. 일단 생존해야 추후 성장을 기약할 수 있기 때문이다.

우리나라 정치·외교 환경의 위기 상황은 여전히 진행형이다. 역사상 전무후무한 현직 대통령의 탄핵, 대표 기업 총수의 구속, 이웃 나라와의 갈등, 여기에 북한이라는 잠재적 위협이 갈수록 현실화되어가고 있는 지금, 위기라는 말 외에 현재 상황을 설명할 적당한 단어가 없다. 사회는 또 어떤가? 오를 기미가 보이지 않는 출산율과 이젠 얼마 남지 않은 일자리를 두고 벌어지는 기성세대와 청년 세대간의 세대 갈등, 더욱더 고착화되는 가진 자와 갖지 못한자 간의 계층 갈등 등, 이 모든 게 우리 사회가 피폐해지고 있다는 징후들이다.

경제 환경이라고 다를 게 없다. 기업은 한 국가와 사회의 중요한 경제 주체이다. 기업의 경영 환경은 국가의 정치 환경, 사회 환경의 연장선 속에 있다. 우리나라에서는 기업하기가 너무 어렵다는 말을 필자는 이 땅에 태어나 지금까지 계속 듣고 있다. 어린 시절엔 다 같이 어렵고 힘들어서 기업하기가 쉽지 않았을 수 있다. 당시 우리 사회의 부패한 관료들과 불합리한 사회 구조도 그에 일조했을 것이다. 그런데 이제는 눈에 띄는 부패와 부조리는 많이 사라졌다. 그만큼 우리 사회가 깨끗해졌다. 그런데도 왜 여전히 이 땅에서는 기업하기가 어렵다고들 할까?

여전히 취약한 정치 구조, 우리나라를 포위한 엄혹한 외교적 현실, 여기에 늘 머리 위에 돌처럼 놓여 우리 모두를 힘들게 만드는 북한 리스크라는 불확실성이 우리 기업 환경을 척박하게 만든다. 기업 경영의 환경은 그 나라의 정치, 사회, 그리고 문화의 모든 것이 담겨 있는 거울과 같다. 기업 환경이 어렵다면 그 나라의 정치, 사회, 문화도 어렵다는 것을 의미한다. 이처럼 정치와 사회, 그리고 기업의 환경은 하나가 되어 돌아가며, 그래서 기업 환경은 그 나라의 수준을 총체적으로 보여주는 바로미터이다.

위기는 결정적인 의사 결정이 필요한 시점을 말한다. 그래서 위기 시에는 치밀하고 고도로 숙련된 의사 결정이 요구된다. 만약 잘못된 정보에 기반을 두고 의사 결정이 이뤄진다면, 위기 극복은 요원해진다. 더욱이 위기 시 리더가 우유부단하고 유약하다면 더욱 치명적이다. 위기에 휩쓸려버리고 마는 것이다.

위기의 순간에 행해지는 의사 결정이 평시의 의사 결정과 다른 점은 시간적 여유가 없다는 것이다. 그러다보니 위기가 닥쳤을 때 의사 결정자는 심리적으로 위축되고 쫓기는 심정이 된다. 의사 결정의 무게로 인하여 늘 불안해하고, 허둥대다가 골든타임을 놓치고 위기에 휩쓸려버리기도 한다. 그렇기 때문에 리더는 늘 위기에 대비해야 한다. 이를 몇 가지로 요약해보자.

첫째, 위기 시에 의사 결정자가 머뭇거리거나 필요한 의사 결정을 놓치는 실수를 방지하려면, 평소에 위기에 대한 대비를 철저히 해두어야 한다. 평소에 훈련을 게을리한 군대는 전투에서 반드시 패한다는 명제는 위기 경영에도 적용된다. 위기에 잘 대비해온 경영자는 훈련을 잘 받은 군인과 같다. 유사시에 훈련을 제대로 받고 단련해온 군인은 위기 시 즉각 대응하여 효과적으로 적을 제압할 수 있다. 위기를 막연하게 머릿속에서만 그리는 것은 막상 위기가 현실화되었을 때 별로 도움이 안 된다. 실제로 위기에 닥친 것과 같은 상황을 설정하고, 그 안에서 침착하고 냉정하게 위기 극복에 필요한 의사 결정을 직접 내릴 수 있도록 반복적인 훈련을 시행해야 한다.

둘째, 위기에 대비한다는 것은 위기를 예측하는 것이다. 물론 쉽지 않은 과제이다. 그러나 위기를 예측하려는 노력이 지속적이고 체계적으로 이뤄진다면, 이는 가장 효과적으로 위기를 극복하는 방법이 된다. 이때 위기 예측에 소요되는 시간과 돈은 결코 낭비가 아니다. 소중한 투자이다.

셋째, 위기 예측에 대한 노력 못지않게 중요한 것이 위기 시 필요한 의사 결정의 시나리오를 사전에 준비해두는 것이다. 위기의 종류와 강도에 따라 대응 시나리오도 달라진다. 위기가 시장 재편과 신기술 출현으로 시작된 것이라면, 그 위기에 대응하는 방안은 '업종 전환'이 답이다. 시장 재편에 대한 준비가 아직 안 되어 있거나 갑자기 등장한 신기술로 인해 기존에 점유하고 있던 시장이 모두 붕괴된다면, 그 시장에서 하루라도 빨리 빠져나가 다른 업종으로 전환을 모색하여야 한다. 해당 제품과 서비스를 최대한 좋은 값으로 매각하고, 그 돈으로 신제품과 새로운 서비스를 만들어 재출발해야 한다. 쉽지 않은 의사 결정이지만, 이미 달라진 시장과 신기술에 대응할 수 없는 경우라면, 업종 전환만이 위기를 극복할 수 있는 유일한 해법이 된다.

넷째, 현재 위기 상황이 지나가고 시장이 다시 회복되는 것이 확실하다면, 그런 위기 상황에서는 긴축과 현상 유지가 최선이다. 이 정도는 위기라는 말보다 '어려운' 상황 정도일 것이기 때문이다.

◆ ◆ ◆

어느 나라든 위기를 겪는다. 항상 평화만 지속되는 나라는 이 세상에 없다. 역사상 최고의 강국들도 평화가 지속되다가 불현듯 위기를 맞곤 했다. 그리고 대개 그 위기에서 그 나라들은 멸망했다. 위기 예측과 위기 대비에 모두 실패했기 때문이다. 비잔틴 제국이 그러했다. 주변에서 전개되는 위기 상황에 점점 무감각해지다가 결정적인 순간에 위기가 증폭되었을 때 이렇다 할 힘 한번 제대로 써보지도 못하고 파멸을 맞은 것이다. 공교롭게도 서로마 제국이 그렇게 사라졌고, 비잔틴 제국이라 불리는 동로마 제국도 그런 식으로 멸망했다.

기업도 언제든 위기가 닥칠 수 있음을 잘 안다. 안타까운 것은 뻔히 위기가 다가오는 것을 보고 있으면서도 위기에 진지하게 대비하지 않는 기업이 너무도 많다는 것이다. 막상 위기가 본격적으로 진행되면 그러한 기업들은 속수무책으로 위기에 휩쓸려버린다.

최근 우리나라의 국력은 크게 신장되었다. 사회도 더 투명해졌고 좋아졌다. 외국으로 자주 다니면 다닐수록 대한민국이 얼마나 발전한 나라인지를 더욱 실감할 수 있다. 그럼에도 불구하고 위기라는 측면에서는 우리는 아직 많은 부분에서 훈련이 덜 되어 있다. 위기를 경영자의 본능에만 의지하여 대비할 수는 없다. 한 기업의 위기 상황은 매우 복합적인 이유로 발생되기 때문이다. 위기는 치밀한 훈련과 대비를 통해서만 극복될 수 있다.

우리나라가 선진국으로 도약하는 데 기업인들의 노력은 절대적으로 필요하다. 지금 이 순간에도 혼신의 힘을 다해 노력하는 이

땅의 모든 경영자와 관련 분야의 의사 결정자들에게 이 책을 바친다. 현재의 위기를 극복하고, 더욱 아름답고 더욱 부강해진 대한민국을 하루 빨리 보고 싶다.

2017년 7월

필자

주

1 이건창, 『현대경영의 이해』, 제5판, 무역경영사, 2013. 이 책 1장에서 경영의 본질을 계획—실행—평가의 순환 과정으로 상세히 설명하고 있다.

2 같은 책, 13쪽 참조.

3 DaSilva, C.M. and Trkman, P.(2014). "Business Model: What It Is and What It is not", Long Range Planning, 47, 379~389. 이 논문에서는 비즈니스 모델이 그와 유사한 개념들인 전략, 비즈니스 프로세스 모델링과는 다르다는 것을 잘 설명하고 있다.

4 ER과 ET의 상호 작용으로 기업이 어떻게 발전하는가에 대해서는, 스탠포드 대학의 존 마치 교수가 발표한 다음 논문이 가장 유명하다. March, J.G.(1991). "Exploration and Exploitation in Organizational Learning", Organization Science, 2(1), 71~87.

5 '양손잡이 조직'은 존 마치 교수의 논문이 발표되면서부터 많은 학자들에 의해 연구됐다. 이에 대해서는, 스탠포드경영대학원의 오릴리 교수와 하버드경영대학의 터쉬맨 교수가 『하버드 비즈니스 리뷰』에 기고한 다음 논문이 유용하다. O'Reilly, C.A. and Tushman, M.L.(2004). "The Ambidextrous Organizatio", Harvard Business Review, 82(4), 74~81.
이와 함께 『MIT 슬로언 매니지먼트 리뷰』에 발표된 버킨쇼 교수(런던비즈니스스쿨)와 깁슨 교수(캘리포니아대학, 어바인)의 다음 논문도 양손잡이 조직의 구현을 이해하는 데 많은 도움을 준다. Birkinshaw, J., & Gibson, C.(2004). "Building ambidexterity into an organization", MIT Sloan Management Review, 45(4), 47~55.

6 아드리아노플 전투의 원인·전개 과정·결과 등에 대해서는, 젠트너의 다음 글에 알기 쉽게 잘 정리돼 있다. Zentner, J.(2005). "Adrianople: Last Great Battle of Antiquity", Military History, 22(7), 54~60. 이 글은 http://www.historynet.com/adrianople-last-great-battle-of-antiquity.htm에서도 볼 수 있다.

7 칸나에 전투는 로마가 지중해 일대를 제패하기 전에 겪은 사상 최악의 패전이었다. 그것도 로마 본토에서 벌어진 전투였으며, 정규군 8만 명이 작심하고 싸웠음에도 불구하고 패한 것이어

서 그 충격은 더 심했다. 칸나에 전투에 대해서는, 일반 독자의 눈에 맞춰 흥미롭게 기술된 책으로 언론인 출신의 에릭 더슈미트가 쓴 다음 책을 참고할 만하다. 이 책 8장에 칸나에 전투가 상세히 기술돼 있다. Durschmied, E.(2003). From Armageddon to the Fall of Rome: How the Myth Makers Changed the World. Hodder & Stoughton Publishers.

8 자마 전투는 스키피오 장군이 칸나에 전투에서 한니발에게 당한 패배를 되갚아준 전투이자, 16년간 피비린내를 풍기며 카르타고와 벌인 제2차 포에니 전쟁(기원전 218년 사군툼 공방전~기원전 202년 자마 전투)에서 로마가 완전히 승기를 잡게 된 전투로서 의미가 크다. 에릭 더슈미트의 다음 책 9장에 잘 설명돼 있다. Durschmied, E.(2003). From Armageddon to the Fall of Rome: How the Myth Makers Changed the World. Hodder & Stoughton Publishers.

9 "(⋯)To be Earth's most customer-centric company, where customers can find and discover anything they might want to buy online.(⋯)"

10 "(⋯)We strive to offer our customers the lowest possible prices, the best available selection, and the utmost convenience.(⋯)"

11 아마존이 제공하는 클라우드 컴퓨팅 인프라 시스템으로, 대량의 서버, 스토리지, 네트워크 장비를 구축해놓고 사용자에게 온라인으로 이 인프라를 대여하는 방식이다. 사용자는 각 장비를 사용한 만큼만 비용을 지불하면 된다. 네이버 클라우드나 구글 드라이브는 일반 개인 소비자를 대상으로 서비스를 제공하지만, 이 AWS의 고객은 개발자와 엔지니어 등의 IT 관계자, 그리고 인프라 구축이 필요한 기업이 주다.

12 국내에서 비잔틴 제국의 역사에 관한 대중적인 저작들을 찾기란 의외로 힘들다. 연구 차원에서 쓰인 학술서들이 주류를 이루기 때문이다. 그럼에도 불구하고 한 권을 꼽자면, 워렌 트레드골드의 책이 적절한 분량으로 비잔틴 제국의 역사를 개관하는 데에 유용하다. 워렌 트레드골드, 박광순 옮김,『비잔틴 제국의 역사A Concise History of Byzantium』, 2001, 가람기획.

13 비잔틴 제국이 멸망하던 마지막 날에 대해서는, 스티븐 런치만 경이 쓴 다음 책에 생생하게 묘사돼 있다. 스티븐 런치만, 이순호 옮김,『1453, 콘스탄티노플 최후의 날』, 갈라파고스, 2004.

14 르네상스의 서막에 대해서는, 성제환,『피렌체의 빛나는 순간: 르네상스를 만든 장인들』, 문학동네, 2015 참조. 이 책에는 메디치 가문이 피렌체 공화국의 실질적 지도자 가문으로 등극하는 과정이 알기 쉽게 설명돼 있다. 특히 195~196쪽에 걸쳐 르네상스가 당시 피렌체의 실질적 지배자 코시모 데 메디치에서 시작되는 것으로 설명하고 있다. 이후 코시모의 손자인 로렌조 데 메디치가 정권을 잡으면서부터 르네상스는 피렌체의 정치 철학으로 확실히 자리 잡는다.

15 워렌 트레드골드가 쓴『비잔틴 제국의 역사』에서는 비잔틴과 르네상스 간의 관계가 다음과 같이 요약돼 있다. "비잔틴은 멸망하기 전부터 이미 르네상스에 일정 부분 참여하고 있었다. 비잔틴 제국은 그리스 본토를 영토 안에 두고 있었고 왕실도 그리스계였기 때문에, 그리스의 고대 문화에 대해서는 지식인층이 두터웠다. (⋯)따라서 비잔틴 제국이 독립 상태를 유지했다 하더라도 비잔틴인들은 틀림없이 르네상스에 참여했을 것이다." 워렌 트레드골드, 박광순 옮김,『비잔틴 제국의 역사』, 박광순 옮김, 가람기획, 2001, 360쪽 참조.

비잔틴 제국이 존속했다면, 그리스 문화에 정통한 비잔틴 제국의 지식인들은 아마 자발적으로 어떤 형태로든 르네상스에 참여했을 것이다. 그러나 실제로는 제국이 멸망하면서 목숨을 부지하기 위해 이들은 이탈리아를 비롯한 유럽 국가로 대거 탈출했다. 이로 인해 르네상스 열기는 전 유럽으로 확장될 수 있었다.

16 이 전투의 역사적 의미와 진행 과정에 대해서는, 존 J. 노리치, 남경태 옮김, 『종회무진 동로마사』, 그린비, 13장에 잘 설명돼 있다.

17 기원전 48년, 그리스 테살리아 지방의 파르살루스 평원에서 벌어진 카이사르파와 폼페이우스파 간의 전투이다. 로마 공화정 말기 카이사르의 내전의 일부로, 카이사르는 이 전투에서 완벽하게 승리함으로써 내전의 주도권을 잡았고 폼페이우스파는 결국 괴멸했다.

18 바랑기아인들의 기원, 비잔틴 제국으로의 진출, 그리고 그들이 보여준 전투력과 복장, 무기 등에 대해서는, 다음 책이 유용하다. Raffaele D'Amato(2010), The Varangian Guard 988-1453(Men-at-Arms), Osprey Publishing.

19 당시 노키아의 최고 경영진과 중간 경영진 사이에 벌어진 갈등에 대해서는 다음 기사에 잘 나타나 있다. Quy Huy and Timo Vuori, "Who Killed Nokia? Nokia Did", INSEAD Knowledge, Sep 22, 2015. 해당 링크는 https://knowledge.insead.edu/strategy/who-killed-nokia-nokia-did-4268이다.

20 아크리타이에 대해서는 바실리에프의 다음 책이 유용하다. Alexander A. Vasiliev(1958), History of the Byzantine Empire, 324-1453 Vol. 1, University of Wisconsin Press.

21 원래 '젊은이다움', '관대함'을 뜻하는 아라비아어로, '무르와(남자다움)'의 대립 개념으로서 동방 이슬람 세계에서 널리 이용됐다. 10세기 이후, 여기에 종교 결사나 직업 집단의 의미가 더해져 어의가 다양해졌다. 초기 이슬람 시대에는 쟈히리아 시대의 전통을 계승해서, 고귀하며 용감한 젊은이를 파타(fatā)라고 하였는데, 아바스 왕조 중기에 이르면 도시 민중 사이에서 푸투와의 덕을 이상으로 하는 피트얀이나 아이야르 등의 무리가 나타났다. 푸투와는 이슬람 신앙에서도 중요한 덕목이었으며, 아랍 기사도의 정신적 지주였다.

22 영어 골든 혼(Golden Horn)을 그대로 번역해 금각만(金角灣)으로 부르기도 한다. 바다에서 육지 쪽으로 깊숙이 들어와 있는 모습이 꼭 뿔과 같으며, 해가 뜨거나 석양이 질 때면 만 전체가 금빛으로 빛난다고 해서 붙여진 이름이다.

23 오스만투르크가 제국으로 성장하는 데 가지, 아키스, 울라마가 갖는 중요성에 대해서는 폴 위택이 쓴 다음 책이 유용하다. Paul Wittek(2002), The Rise of the Ottoman Empire: Studies on the History of Turkey, 13th~15th centuries, Rouledge Publisher, Colin Heywood.

24 Franz Babinger, Mehmed the Conqueror and His Time, Edited by William C. Hickman(Translated from the German by Ralph Manheim), Princeton University Press, 4th Edition, 1992. 메메드 2세에 관해 무난하게 읽히는 책이다. 메메드 2세의 출생과 성장 과정, 콘스탄티노플 점령, 발칸반도(세르비아, 알바니아, 보스니아, 그리스 등) 점령, 그리고 서구 기독교 국가들(이탈리아 제노바와 베네치아 공화국, 오스트리아 등)과의 전쟁을 통해 오스만투르크가 제국으로서 성장하는 데 그가 어떤 기여를 했는지를 잘 설명하고 있다.

25 중앙아시아의 트란스옥시아나(현재의 우즈베키스탄 중앙부) 지역에서 발흥했던 몽골 제국의 계승 정권 중 하나로, 중앙아시아부터 이란에 걸친 지역을 지배했던 이슬람 왕조(1370~1507)다. 전성기의 판도로 북동쪽은 동투르키스탄, 남동쪽은 인더스 강, 북서쪽은 볼가 강, 남서쪽으로는 역사적 시리아·아나톨리아 방면까지 이르러, 과거 몽골 제국의 서남부 지역을 제패했다. 창시자인 티무르 재위 중에 티무르 제국이라 불렸다.

26 바예지드가 살해당했다는 설도 있다.

27 Steven Runciman, The Fall of Constantinople 1453, Cambridge University Press, Reprint Edition, 1965, p. 79 참조. 이 책은 우리말로도 번역돼 있다. 스티븐 런치만, 이순호 옮김, 『1453, 콘스탄티노플 최후의 날』, 갈라파고스, 2004.

28 597년 수나라 문제가 고구려 영양왕에게 보낸 모욕적인 국서는 『수서(隋書)』 권 81 「동이열전」에 상세히 기록돼 있다. 그러나 문제는 영양왕의 리더십을 몰랐고, 결과적으로 이 모욕적인 국서를 보낸 대가를 톡톡히 치렀다. 무리한 고구려 원정의 후유증으로, 618년 아들 양제가 부하들에게 살해당함으로써 수나라가 멸망하는 원인을 제공했기 때문이다.

29 영양왕은 수나라와의 일전에 대비해 신무기를 준비했다. 그 가운데 하나가 강력한 살상력과 원거리 타격이 가능한 화살인 노(弩)였다. 영양왕은 노 제작을 위해 중국 기술자들까지 몰래 포섭해 데리고 올 정도였다. 이 내용도 수문제가 영양왕에게 보낸 국서에 나와 있다. 이에 대해서는, 이윤섭, 『다시 읽는 삼국사』, 책보세, 2014, 59쪽 참조.

30 알레시아 공방전과 이중 포위망에 대해서는 다음 자료들을 참조. 시오노 나나미, 김석희 옮김, 『로마인 이야기 4』, 한길사, 429~433쪽; Christian Thomas NcMahon, 『A Soldier in the Dark: Navigating Gaul through the Eyes of Caesar and His Men』, 아칸사스대학 명예학사 학위논문, 2015, 55~59쪽(상세한 화보가 함께 실려 있는 게 특징이다). 이 논문은 http://scholarworks.uark.edu/cgi/viewcontent.cgi?article=1002&context=wllcuht에서도 확인이 가능하다; John Sadler, Rosie Serdiville, Caesar's Greatest Victory. The Battle of Alesia, 52 BC, Casemate Publishers, 2016(특히 "적을 옥죄다(Tightening the vice)"라는 제목으로 설정된 제7장을 참조).

31 상술하자면, 씨피트는 조종사가 인지하지 못하는 상태에서 비행기가 장애물과 충돌하거나 지면, 수면, 산악 등지로 추락하는 것을 의미한다. 씨피트 상황에서 대개 조종사는 자기 실수를 사고가 일어나기 직전까지 인지하지 못한다. 그때까지도 본인이 제대로 조종을 하고 있다고 잘못 판단하기 때문이다. 따라서 기체 결함, 테러나 자살 의도에 따르는 비행기 추락은 씨피트로 간주하지 않는다. 보잉사의 조사에 의하면, 민간 제트기 시대가 시작된 이래 씨피트로 인한 비행기 추락으로 9천 명 이상이 목숨을 잃은 것으로 나와 있다. 오래된 논문이지만 마이애미대학의 얼 위너 교수가 『휴먼 팩터즈』라는 저널에 기고한 다음 논문이 씨피트에 대해 잘 정리해 놓고 있다. Earl L. Wiener(1977). "Controlled Flight into Terrain Accidents: System-Induced Errors", Human Factors, 19(2), pp. 171~181.

32 지금 이들은 이름만 대면 알 수 있을 만큼 미디어 업계에서 거물로 성장했지만, 야후 임원 당시는 그렇지 않았다. 현재 소셜네트워크서비스(SNS) 기업의 대표 주자인 링크드인

(LinkedIn)의 최고 경영자 제프 와이너나 교과서 렌탈 서비스 기업인 체그(Chegg)사의 최고 경영자 댄 로젠스와이그가 이때 야후 임원으로 활동했다.

33 야후 창업자들의 연이은 실수와 기업 매각에 관한 이야기는 브래드 스톤이 『블룸버그』에 기고한 2016년 7월 25일자 기사에 잘 정리돼 있다. Brad Stone, "What Sank Yahoo? Blame Its Nice Guy Founders", July 25, 2016, Bloomberg.

34 야후가 구글과 벌인 인수 합병에 대해서는, Fred Vogelstein, "How Yahoo Blew It", Wired, Feb 1, 2007 참조.

35 야후가 페이스북과 벌인 인수 합병에 대해서는, David Kirkpatrick, The Facebook Effect, Simon & Schuster, 2011 참조.

36 노키아의 비즈니스 모델 변화에 대해서는, Jaakko Aspara, Juha-Antti Lamberg, Arjo Laukia and Henrikki Tikkanen(2011), "Strategic management of business model transformation: lessons from Nokia", Management Decision, 49(4), pp. 622~647 참조.

37 애플의 아이폰으로 촉발된 스마트폰 혁명이 전 세계 피처폰 시장을 초토화시킬 때 노키아의 최고 경영진들이 어떻게 대응했는지에 대해서는, Timo O. Vuori and Quy N. Huy(2016), "Distributed Attention and Shared Emotions in the Innovation Process: How Nokia Lost the Smartphone Battle", Administrative Science Quarterly, 61(1), pp. 9~51 참조.

38 코닥의 파산에 대해서는, 『이코노미스트』의 기사 "Kodak files for bankruptcy protection: Gone in a flash," Economist, Jan 19, 2012 참조.

39 코닥과 후지필름 두 기업이 서로 다르게 취한 위기 극복 전략에 대해서는, 『이코노미스트』의 기사 "The last Kodak moment?: Kodak is at death's door. Fujifilm, its old rival, is thriving. Why?," Economist, Jan 14, 2012 참조.

40 후지필름이 아날로그 필름 시장에서 철수하고 스킨케어라는 완전히 새로운 시장에서 성공하기 위해 경주한 피나는 노력들에 대해서는 http://www.fujifilm.com/products/skincare/history를 참조. 아스타리프트 스킨케어 제품 시리즈 안에 녹아 있는, 과거 아날로그 필름 기반의 고유 기술에 대해서는 http://www.fujifilm.com/innovation/achievements/skincare를 참조.

41 후지필름이 디지털 카메라로 촉발된 위기 상황을 극복하기 위해 보여준 피눈물 나는 노력에 대해서는, 『이코노미스트』의 기사 "The last Kodak moment?," Economist, Jan 14, 2012 참조.

42 선견지명이 있었던 후다이 마을의 촌장에 대해서는, 『중앙일보』의 기사 「메이지 시대 15미터 쓰나미, 촌장은 잊지 않았다」, 『중앙일보』, 2011년 4월 5일자 참조.

43 쓰나미 경고 비석과 이 마을에 얽힌 이야기에 대해서는, 『뉴욕타임즈』의 기사 "Tsunami Warnings, Written in Stone," New York Times, April 20, 2012 참조.

44 코닥이 지역 사회와의 유착으로 발 빠른 대응에 실패한 이야기에 대해서는, 『이코노미스트』의 기사 "Kodak files for bankruptcy protection: Gone in a flash," Economist, Jan 19, 2012 참조.

45 폴 캐롤·춘카 무이, 이진원 옮김, 『똑똑한 기업을 한순간에 무너뜨린 위험한 전략』, 흐름출판, 2009, 134쪽 참조.

46 같은 책, 135~139쪽 참조.

47 디지털 쓰나미를 극복한 후지필름의 최고 경영자 시게타카 코모리에 대해서는, 『이코노미스트』의 기사 "The last Kodak moment?," Economist, Jan 19, 2012 참조. 이 기사는 부제가 더 흥미롭다. "Kodak is at death's door; Fujifilm, its old rival, is thriving. Why?" 우리말로 옮겨보면 이렇다. "코닥은 죽음이 코앞에 닥쳤는데, 최대 라이벌이던 후지필름은 잘 나간다. 왜일까?"

48 이 연설의 원문은 국제처칠협회 웹사이트에 간단한 해설과 함께 게재돼 있다. http://www.winstonchurchill.org/resources/ speeches/1940-the-finest-hour/128-we-shall-fight-on-the-beaches

49 인간의 감정 유형은 크게 긍정 감정과 부정 감정으로 나눌 수 있다. 긍정 감정에는 행복감 하나만 있지만, 부정 감정은 이보다 훨씬 많다. 예컨대 공포감, 슬픔, 분노, 우울감 등이 이에 속한다. 이러한 감정의 비대칭은 그만큼 인간이 부정적 상황에 더 많이 노출된다는 의미일 것이다. 이를 적극적으로 해석해본다면, 부정 감정은 환경의 변화로부터 우리 자신을 보호하는 데 유용한 것으로, 최근 감성과학과 인지과학 분야에서는 성과 증대와 창의성 발현을 위해 이러한 부정 감정이 긍정 감정보다 더 효과적이라는 연구 결과가 점점 더 많이 나오고 있다.

50 야쿠브 파샤는 메메드 2세에게 서구 문물을 소개하고, 그로 하여금 서구를 정확하게 이해하는 데 크게 도움을 준 자문인이었다. 술탄의 개인 주치의이기도 했다. 그에 대해서는, Ruth Tenzer Feldman(2008), The Fall of Constantinople, 21st Century Books, p. 111 참조.

51 1203년에서 1204년 사이 두 번에 걸쳐 제4차 십자군들이 콘스탄티노플을 점령한 적이 있었다. 그러나 이때는 비잔틴 제국의 초청으로 이미 콘스탄티노플 안에 들어와 있던 십자군이 비잔틴 제국과의 마찰로 폭동을 일으키면서 도시를 점령한 사례였다. 이 사건으로 콘스탄티노플 시민 수만 명이 죽임을 당하고, 노예로 팔렸으며, 주요 문화재와 귀중품, 심지어는 옛 황제의 묘까지 수탈당하는 등 초유의 비극적 사태가 벌어졌다. 더욱이 같은 기독교 군인들에 의해 만행이 저질러졌다는 점에서 그 충격이 매우 컸다. 결국 이 사건은 동방 정교를 믿는 비잔틴 제국과 가톨릭을 믿는 서구 기독교 국가들의 관계가 회복 불가능한 수준으로 치닫게 되는 결정적인 계기가 되고 말았다.

52 이에 대해서는, 스티븐 런치만, 이순호 옮김, 『1453, 콘스탄티노플 최후의 날』, 갈라파고스, 2004, 167쪽 참조.

53 이에 대해서는, 같은 책, 216쪽 참조.

54 아이비엠사가 1980년대 말에서 1990년대 초까지 마이크로소프트사와 벌인 운영 체제 싸움은 아이비엠사의 완패로 끝났다. 당시 아이비엠사가 OS/2에 매달렸던 원인을 경영진이 자신들의 패배를 인정하기 싫어했던, 쓸데없는 자존심 문제에서 찾기도 한다. 이에 대해서는, 폴 캐롤·춘카 무이 지음, 이진원 옮김, 『똑똑한 기업을 한순간에 무너뜨린 위험한 전략』, 2009, 303~304쪽 참조.

통찰의 텍스트 ● Text of Insight

위기 경영 이야기
비잔틴 제국은 어떻게 무너졌는가

1판 1쇄 인쇄 2017년 7월 20일
1판 1쇄 발행 2017년 7월 30일

지은이 | 이건창
펴낸이 | 정규상
책임편집 | 현상철
편집 | 신철호 · 구남희
마케팅 | 박정수 · 김지현

펴낸곳 | 사람의무늬 · 성균관대학교 출판부
주소 | 03063 서울특별시 종로구 성균관로 25-2
등록 | 1975년 5월 21일 제1975-9호
전화 | 02)760-1252~4 팩스 | 02)762-7452
홈페이지 | http://press.skku.edu

ISBN 979-11-5550-230-3 03320
값 15,000원